新入社員に贈る言葉

新入社員のみなさんへ

就職おめでとうございます。たくさんの若々しいみなさん方を産業界に迎えることはまことに心強く、うれしく存じます。

みなさんの社会人としての新しい門出に、この小冊子をお贈りしたいと思います。

この本は、現在わが国のさまざまな分野で活躍されている方々から、新入社員のみなさんへの、励ましの言葉や職場生活へのアドバイスをいただいたものです。

この中には、みなさんがよくご存じの方も、あるいは全くご存じない方もおられると思います。しかし有名無名を問わず、この本に登場する方々は、いずれも、それぞれの立場で真面目に努力し何かをやり遂げた人、またやり遂げようとしている人たちだという点で共通しています。つまりみなさんの立派な先輩社会人です。

これらの先輩たちの中には、みなさんが成長された平和で豊かな時代と違って、わが国の敗戦やその後の混乱期を体験された人がたくさんおられます。また若い先輩も戦争や混乱期の体験はなくても、さまざまな困難を乗りきって、今日を築き上げておられる方たちです。みなさん方も、これから実社会に出られると、学生時代とは違ったきびしい現実に直面されることでしょう。

実際、現在のわが国は、政治、経済、社会各面でいろいろとむずかしい問題をかかえています。第二次大戦後、先輩たちの努力でめざましい発展を遂げたわが国も、大きな転換期を迎え、ここ数年特にきびしい情勢下にあるといえます。そしてすでにおわかりでしょうが、みなさんがこれから入社される会社もまた、大小さまざまな問題をかかえていることでしょう。

このような時代の中で、よりよい職場、よりよい社会、よりよい日本を築き上げていくには、結局、われわれ産業人一人ひとりが、しっかりとした自覚をもって行動することが大切です。特に若いみなさんへの期待は大きいものがあります。明日の企業、明日の社会を担っていくのは、若いみなさんだからです。

そうした期待をこめて編纂したのが本書です。「新入社員に贈る言葉」は一九七三年の発刊以来、長年発刊し、みなさんの先輩の方々にもご好評をいただいております。

各界の先輩が自分の新入社員の頃の思い出や、長い人生経験から語られる言葉は、きっとみなさんのこれからの職場生活の参考となり、ひいては人生の指針となるものと信じます。一人ひとりの言葉をよく味わって、今後に役立てていただければと思います。

いま、みなさんは新しい門出に大きな希望と夢を抱いておられることでしょう。それは大変すばらしいことです。しかしいうまでもなく、みなさんのこれからの長い人生は、けっして順調な時ばかりではないと思います。壁にぶつかり、悩み、仕事をするのが嫌になることさえあるかもしれません。そうした時にも、ぜひもう一度、この本を開いてみてください。ここには人生のいろいろな問いに対するヒントや答えがあるはずです。

本書は、社会人として第一歩を踏み出されるみなさん方に、希望や勇気や知恵を贈り、その長い人生航路の糧となり得るものであると信じます。

編　者

新入社員に贈る言葉　目次

◆はじめの一歩

◆しなやかな心と体

◆人生のキーワード

◆きょうとあすの間

表紙カバーデザイン――林　一則

はじめの一歩

高梨沙羅

⦿スキージャンプ選手

あきらめるのも取り組むのも、最終的に決断するのは自分。未来のために現在を一生懸命に丁寧に生きたい。

私がスキージャンプと出会ったのは、小学二年生の冬です。地元は雪深く山に囲まれている土地で、父、兄共にジャンプをしていたことや、物心ついた時から兄の応援で競技場へ行くこともあり、競技を身近に感じていました。始めたきっかけは、よく遊んでいた友だちがスキージャンプをしており、できるだけ長く一緒にいたかったからですが、始めてからは、普段の生活では味わえない空を飛んでいる感覚に魅了され、学校が終わってすぐ山にあるジャンプ台に直行するのが日常に。気づいたら夜の九時まで飛んで帰宅するという小学校時代を過ごしていました。

ジャンプを始めたてのころは、道具の調達や、理想的なジャンプ体型とはほど遠い低身長を活かせる技術を習得するのに苦労しました。そんな中で私のモチベーションになっていたのが、当時まだ歴史が浅い女子ジャンプ競技を牽引していた、パイオニアでもある先輩たちの存在です。いつか同じ舞台に立ってみたい！　という一心で、必死に先輩の練習動画を見て真似をして、また動画を見ての繰り返し。ただ、真似をするだけではジャンプの形はコピーできても、どこか自分に自信を持つことができず、肝心な試合では予想外の出来事や外的要因から、思ったようなパフォーマンスができない…。それは自分を持っていないがゆえの結果だと悟りました。真似をすることは、きっかけとしてはとても大事ですが、スキルを自分のものにしなければ必要な時に取り出すことはできません。どんな状況にも対応できるよう、「自分だけの引き出し」を増やしていくことが必要です。私の場合、それは「練習している」という意識ではなく、没頭している時に蓄えられている実感があります。もっと言えば、順調な時ではなく、苦しい中で得られるものや失敗から学ぶことが大きく、選手としても、一人の人間としても、私の生きる糧となっています。

今、新しい環境で戦っているみなさまには、自分の思ったような結果にならなかっ

たかなし・さら　FISワールドカップ総合優勝を四度果たし、二〇一八年平昌五輪で銅メダル獲得。二〇二一―二二シーズンでは、FISワールドカップ男女を通じて歴代最多の六十三勝。また百十三度目の表彰台に立つ偉業を成し遂げた。北海道上川郡出身。

たり、うまくいかなかったりすることも多々あるかとは思いますが、苦しい時が蓄え時。百聞は一見に如かず、という言葉もあるように、経験は人から聞いた話よりも何倍も自分を強く、厚みのある人間に成長させてくれると思っています。どんなに悔しくても、結果がともなわなくても、自分を責めるよりは精一杯取り組んできた自分にまず感謝しましょう。そして、支えてくれている人たちにも。そうすることで、今までの経験から次にやるべきことが自ずと見えてくるかと思います。

もう一つ、私が恩師から教わった中で大切にしていることが、「焦らず、慌てず、諦めず」、過去から学び、未来のために現在を一生懸命に丁寧に生きることです。大きな目標があっても、そこにこだわり過ぎて現在が疎かになってしまっては元も子もありません。人生はどんな時も選択の連続ですが、あきらめるのも取り組むのも、最終的に決断しているのは自分でしかありません。自分のなりたいイメージに正直に。過去から学んだことを活かし、現在をつなげていくことで目標に近づいていくものだと思います。私自身、まだ大きな目標までの道のりは続きますが、その最中で人生に糧となる貴重な経験をさせていただきました。私の経験が、みなさまの目標や職場生活に少しでもためになることができたなら大変うれしく思います。

ニコライ・バーグマン

⦿フラワーアーティスト

新入社員は、誰よりも大きな可能性を秘めています。会社は成長するための提案を喜ばないわけがありません。

これを今、読んでいるあなたは既に社会人として働き始めているかもしれないし、まだこれからの人もいるでしょう。自分が働く仕事を決める時に重要なのは、その仕事に決めた理由です。

本当に自分の本心で選んでいますか?

子供の頃からの夢だったから、大学の授業で興味を持ったから、親にすすめられたから、友達がその業界にいるから……、それぞれいろいろな理由で仕事を選んでいると思います。もし、まだこれから選ぶ人がいたら、それは「自分の本心で選んでいるか？」を自分としっかり向き合って考えてみてください。自分の本心で選んだ仕事であれば、大変なことがあってもその先にある自分がやりたいことに向かってがんばることができるはずです。

もし、今、本心で選ばなかった仕事をしているとしても、三年は続けてみることをおすすめします。「石の上にも三年」という言葉がありますが、一年働いただけでは、その仕事が自分に合っているかどうか、やりがいを感じられるかどうか、正しい判断をするのは難しい。一年ではやりがいを感じられるところまでなかなか到達しません。

私自身の経験上、そして他の人を見ていても、二十代の頃は「隣の芝生は青い」と感じる傾向が強いものです。どんな仕事でも、楽しいこと、大変なこと、必ずどちらもあります。常に楽しいことばかりという仕事はありません。私もやりたくないと思う仕事もたくさんやってきました。それが普通のことだと思っています。経験を積めば、立場が上になれば、やりたいことだけできる。そんなことはありません。楽しさ、大変さのレベルが変わるだけです。そのことを経験上わかっていないために、隣の芝生が青く見えて、その仕事のやりがいを感じられないまま辞めてし

Nicolai Bergmann
デンマーク出身。北欧と和を融合した独自のフラワーデザインでワールドワイドに活躍。国内外に十店舗以上のフラワーショップを展開。自身が考案したフラワーボックスはフラワーギフトの定番。著書「いい我慢」ほか。

まうのはもったいないことです。その仕事をやってみて、やっぱり違う仕事がやりたいと思ったとしても、三年続ければ、必ず自分自身が成長でき、何かの形で次の仕事にも生かすことができます。

働いていて、納得いかないことがあった時、もっとこうしたほうがいいのでは？と思った時、こんな仕事は嫌だ！と思う前に、自分の意見を伝えることができているか考えてみてください。デンマーク人の私が日本で二十年以上働いて感じることは、日本人は自分が思っていることの十分の一ぐらいしか口に出していないのではないかということ。デンマーク人の特に若者は、自分の意見を主張しすぎるくらいに主張します。その点では日本とは真逆です。

また、私が経営者になって感じるのは、社員みんなの声を聞きたいということです。会社はあなたを雇い、成長してほしいと思っています。与えられたことができたら、「次は何をすればいいですか？」「これをやってみてもいいですか？」と質問してみましょう。日本人は声を上げる人が少ないので、ただ質問をするだけで上の人の目に留まります。昔の日本の組織は、ある程度の年齢に達しないと昇進できないことも多かったと思いますが、今は必ずしもそうではありません。「自分を使ってください！」というセルフプロモーションが非常に重要です。そうしていい意味で目立つことで、やりがいを感じられる仕事を早く任せられるようになることもあるでしょう。

花屋の場合、最初は店の掃除、花の水揚げなど、地味な作業ばかりで、なかなかブーケやアレンジメントを作る仕事をやらせてもらえないかもしれません。そんな作業ばかりで一日が終わり、つまらない！　思っていた仕事と違う！　と思う人もいるはずです。そのような時は「仕事が終わってから三十分だけブーケを作る練習をさせていただけませんか？」と伝えてみましょう。会社は成長するための提案を喜ばないわけがありません。

仕事を通じて、人は成長できます。特にこれから働き始める新入社員は、誰よりも大きな可能性を秘めています。

成長できるかどうかは、あなた次第です。

有働由美子

◉ジャーナリスト

きっとみなさんが心配している学歴なんかは、圧倒的な実力の前にはなんの力ももたない。

社会人になって学生時代と違うところ、それは「傷つくこと」が多いということです。働き方にも人それぞれあると思うので私の体験を書きます。

そうなんです。信じられないくらい否定されて打ちのめされます。新社会人になったとき、私も意気軒昂でした。いっぱしのジャーナリスト気取りで、自分の取材で世の中をよくしたいと意気込んでいました。もともと体育会系でしたし、自分の時間がほしいなどとは思わず二十四時間いや二十五時間仕事に費やす勢いで取り組んでいました。しかし何をやっても否定されるのです。取材先に対する態度、社会人となって約束するということはどういうことか、責任をとるとはどう行動することか、にはじまってそれはそれは大変なものでした。学生時代の常識がまったく通用しないわけですから、最初の頃は先輩たちがなんのことを話しているのかわからないこともありました。

不安でしたし、怖かった。自分という人間が、曲がりなりにも培ってきたこの二十数年を全部否定されるような気がして。逃げ出したいほど怒られたことも何度もあります。そのうち自分の行動すべてに「これでいいんだろうか」と自分で自分を疑うくせがついたりして。そんななかでもっとも苦しかったことがあります。それは「常に自分のものの見方を問われる」ということです。

学生時代は、ほぼ同じような目的でやってくる同じ世代の集まりですから、みんな一緒のものの見方でいい。だから何か流行するとみんなそっちに行く。それが楽しいし、また同じ行動をすることが仲間をふやしていく。けれど社会人になったら違います。私の場合は正直に告白しますが、大学には友だちに会いにいく感じでついでに勉強するという時間がほとんどでした。にもかかわらず放送人になったその日から、すべてにおいて「見方」を問われました。

うどう・ゆみこ　一九六九年生まれ。九一年神戸女学院大学卒業後、NHK入局。二十七年間アナウンサーとして勤務後、一八年よりフリー。日本テレビ系「NEWS　zero」キャスター。

非行少女を預かる施設を取材したときでした。入社二年目でした。当時、その施設に入っている十代の女の子を取材。年が近いこともあって仲良くなりはじめたときに私は彼女にこうアドバイスをしました。「みんな心配するし、将来後悔するかもしれないから、体を売るようなことはやめたほうがいいよ」。駅のプラットホームで電車を待ちながら彼女はこういいました。「なんであかんの？　お姉さんみたいに大学出てたら働くところもいっぱいある。けど私みたいに中学卒業で親は覚醒剤中毒やったら、バイトするのも雇ってくれへんで。でもお母さんには仕送りせなあかんし、なんで自分が使えるもの使ったらあかんの？　売春はなんで悪いの？」がつんと頭を殴られたような気分でした。売春は悪い。けれどなぜ悪いのか。それを自分の脳を、心を通して考えたことはなかったのです。ジャーナリスト然として肩で風切って取材に出かけた私は、社会が非行少女と判を押したその女の子に、とても大事なことを教えてもらいました。

いまでは感謝しています。しかし当時はそんなことでさえ自分の「見方」をもっていない自分に愕然としました。私はいったい何を考えて生きてきたのか？　何も考えず何も知らずに平気で偉そうに暮らしてきたのではないか。自分の言葉で話したい。その前に自分の言葉を、つまり自分の「ものの見方」を構築しなくては無理だということがわかりました。そこが私の出発点です。

その後も何度も失敗をして、この仕事は向いていないからと逃げようとしたり、落ち込んで次の仕事に影響したり、時にはまわりの人にあたってしまってプライベートまで暗くしたりしています。それでも辞めずに続けているのは、学生時代とは比べものにならない充実感と人間関係（私の場合は前述の少女も含めて）ができてくるからです。社会人になると学歴や容姿ではない、人としてどう行動できる人か、人としてどう考えられる人かを問われます。きっとみなさんが心配している学歴なんかは、圧倒的な実力の前にはなんの力ももたない。そしてその圧倒的な実力というのは、社会では自分の意識でつくるしかないし、自分の感性でしか磨かれません。自分を育てるのは今度は自分の意志です。

もうひとつ辞めなくてすんだ理由があります。「お金をもらってやってるんだからつらいこともあるさ」です。大阪人的な発想でせこいですかね？（笑）でもお金をもらっている以上プロです。真の意味でプロフェッショナルな仕事ができるようになるまで、怒られてもありがたいなと思うことにしています。

佐々木俊弥

◎タベルモ代表取締役ＣＯＯ

自分の意思を言葉に出して言ってみる。肩肘張る必要はない。周りを巻き込むことで、大きな仕事になっていく。

みなさんは現在、仕事に就いてまもなく、あるいは就く前だからこそいっそう、迷い悩み不安が生じているかもしれません。私も常に迷いながら歩を進めています。博士課程に進んだとき、就職活動をしたとき、社長になったとき、仕事で行き詰まったとき。そんな壁に当たったたときに適切に背中を押してくれたのは、だれかが書いた文章だったように思います。それは決して、権威に従いたいわけでも、だれかの生き方をなぞりたいわけでもなく、言葉にできない自分の気持ちを探している、そんな感覚でした。だれかのそんな存在になればよいなと思い、ここでは意思の力について語りたいと思います。

仕事をうまく進めるコツは意思を持つことです。新入社員の頃、議事録作成がとても嫌いで、さながら夏休みの宿題のように溜め込んで苦労した経験があります。書くことに私自身が意味や目的をきちんと見出せていなかったのが原因でした。仕事を「ちゃんと進めたい」「こう進めたい」という意思がしっかりあれば、たとえば、話し合いで何かが決まったとき、次のアクションがちゃんと進むように、あらためて文章にして皆で確認し残しておこう、と不思議となるものです。逆に言うと、こういう仕事が疎かになったら、それは意思が弱まっているというシグナルです。

意思を示す効用には大きなものがあります。私は、社長になりたい、と言っていたらなれました。価値観に基づく熱量を持った言葉を、何でも吐き出してみること、おかしくてもよいから、とりあえず言ってみることが重要です。間違っていれば親切な人が教えてくれますし、だれかの耳に入って、いつのまにかチャンスになったりもします。

実は法人にも意思があり、ビジョンやミッションとして表現されています。たとえば私の会社では、スピルリナという藻を農業として栽培し、人類の食文化にして

ささき・としや　一九八五年生まれ。奈良先端科学技術大学院大学博士課程修了。博士(バイオサイエンス)。バイオテクノロジーで循環型社会をつくることを志し、バイオベンチャー企業群であるちとせグループに参画。二〇一四年に藻類を食用タンパク質源とするタベルモを設立。一八年、十七億円の資金調達を行なう。

いく、そうすることで将来的な食糧危機に備えたタンパク質源にする、という事業に挑んでいます。私は、バイオテクノロジーで、何か大きな問題にかかわるビジネスをしたいとずっと考えていました。このように私と会社の意思は結びついています。大航海時代や西部開拓の例えがわかりやすいと思います。あそこまで行って資源を入手するのだというチームの旗があり、お金を稼ぎたい人、祖国に貢献したい人、冒険したい人、次の街まで安全に同乗したい人、リーダーをサポートしたい人、おのおの価値観と目的でチームが形成されています。意思は価値観から生まれます。世の中には価値観というモノサシの種類と組み合わせが、それこそ人の数だけあります。正義、損得、平等など。あなたは、いま居る場所の、何に惹かれたでしょうか？　それを見つめ直すことが、意思の力を発揮するきっかけになるはずです。

ところで、社長は何でも自由に決められる羨ましい職業でしょうか。社長の肩書だけであれば、登記をすればだれでもなれます。本当にむずかしいのは、その後事業を存続させ、利益を出し、ビジョンを現実にしていくこと、そのために正解の見えない意思決定を行ない、どんな手腕で実行できるのかという点です。そしてこの縮図は、どんな立場でも当てはめられます。立場が人をつくるのは、これらが明確になり覚悟が決まるからであって、本質的にはどんな立場でも実行可能です。実力はなくてもよいのです。あなたが周りの有能な人に働きかけ、説得し、支持を得られたなら、あなたの意思は実現していきます。もともと人は一人では大した仕事はできないものです。多くの偉人が警句として残している真理です。そのための会社なのです。以前、幹部という言い方に苦言を呈する人がいたので、なるほどと思ったことがあります。組織を大樹に見立て、そのどのパーツであるべきか考えるのではなく、それぞれが一本の木で森を形成しているつもりでいたほうがよいのです。そうやって集まったほうがまっすぐ高く伸びるものです。

意思について力説してきましたが、私にはなかなか期限を守れない意思の弱さがあります。本稿も、意思決定のむずかしさについてカッコよく語ろうと考えていましたが、うまくまとまらない。時間も迫る中で急遽、意思を持って仕事をしよう！という主旨に書き直すことにしました。「うまくやらなければならない」という執着は古来より人類の悩みです。最初は肩肘張って、一〇〇％よい成果物を出したくなってしまいますが逆効果になりがちです。意思さえ伝わればよいのだと、ひとまず六〇％くらいで仕上げることを目標にしてみてはいかがでしょうか。

土井善晴

⦿料理研究家

『いい仕事とは何か』わかった人の勝ちなんです。素直な心で一生懸命取り組んでほしい。

修行時代とは、純粋に自分の成長だけを考えていられる時なんですね。あとの人生でそんな時間はなくなりますから。知らないことばかりの「始まりの時」にしか、学べない物事があるんです。ほんとうに『知る』とは自分が変わること、物事が自分に身についていくことです。だから知ることにはリスクもあるのですが、新人という時間を大切にして、よき行動と精神を身につけてください。

私は、神戸、スイス、フランスでフランス料理の基礎を学び、帰国後、二十四歳で老舗料理屋に入りました。先輩の多くは年下で、たたき上げの十代の人もいました。新人がかかわれるのはごく限られた範囲の下仕事。いや、下仕事のさらに下の掃除や片づけ、雑務のすべて、見習いながら少しずつ仕事を増やしていきました。

その料理屋の仕事の基準は「日本一」。魚おろし、味付け、ご飯炊き、掃除、どんなことも「日本一になれ」と課せられました。日本一を意識すると、日本一とは何かを考え、今の自分が世界のどこにいるかを意識するようになるんですね。その意味は多様ですが、新人も一生懸命取り組むことで日本一になれるんです。まずは頭よりも先に身体が動くようになること。また、たとえば鍋磨きは、元に戻すんじゃなくて、元よりきれいにすることが、磨くこと。そのためには「どうやるのか」「それはなぜか」と考える。それが、すぐわかることもあれば、時間が経ってわかること、数年考えて、ようやく確信的にわかることもあります。自分の頭で考えたことだけが本当に信じるに足ることだと思います。

一生懸命な姿は美しく、かっこいいし、尊いですね。上司は部下を見て、できること、失敗してもいいことしか「やれ」とは言いませんから、一生懸命やればいいんです。仕事というのは百パーセントが求められ、評価するのは自分ではありません。できたつもりの「つもり」仕事では、簡単なことでも任せてもらえません。知

どい・よしはる　おいしいもの研究所代表。十文字女子大学特別招聘教授、甲子園大学客員教授、東京造形大学・学習院女子大学非常勤講師。和食文化を未来に繋ぐために「和食の初期化」など持続可能な家庭料理のスタイルを提案している。

らぬ間に足りないところをだれかが補ってくれているのです。変化する状況では間違うこともあります。自分は絶対に間違っていない、と言い張る人がいますが、そう思っているうちは間違うのです。「自分は間違う」と知ることで、間違いは限りなく少なくなります。そして一生懸命取り組み、うまくいった時に素直に喜べる純粋心、いつも新しい気持ちで事に向かえる純粋心を持続してほしいと思います。

修行時代、お客さまが、ある高価な高麗茶碗を話題にしていました。私には、数万円の茶碗と何千万円もの茶碗の違いが理解できませんでした。「自分は見えていない」とわかることが始まりです。「自分と関係ない」ですまさないほうがいい。最上のものをたくさん見て、一年努力すれば、一年前は何もわかっていなかったことがわかります。また一年経って、一年前は何も見えていなかったとわかるのです。茶碗が見える、わかるとは、いい仕事が何かが、わかることであり、「いいか、わるいか」がわかることです。あっ、いいものと好きなものは違いますよ。

最後に、大切なことはすべての背景となる自分の暮らしです。「一生懸命、生活する」。その方法は、一人暮らしを含む「家」という単位で「料理して食べる」という、命の基本原則を堅持すること。それは自分の居場所という幸福の確保です。

古市憲寿

◉社会学者

会社組織は、ゲームと違って時に不条理で無慈悲だけど、ゲーム以上に楽しい冒険ができる可能性があります。

仕事って、ＲＰＧ（ロールプレイングゲーム）に似ているなあと思います。「ドラゴンクエスト」などのＲＰＧでは、大きな目標を達成するために、仲間を集めて、経験値をためて、一つひとつのミッションをクリアしていきます。まさにこの社会、そして会社組織というのは、ＲＰＧの構造にすごく近いんです。

まず「新入社員」のあなたは、おそらくその会社内における経験値はほぼゼロ。レベルで言えば１です。そこで、さまざまなチュートリアルやミッションをこなしながらレベルを上げていくことになります。ゲームもルールを覚えるまでが大変な

ふるいち・のりとし
一九八五年生まれ。若者の生態を的確に描出し、クールに擁護した著書「絶望の国の幸福な若者たち」などで注目される。「だから日本はズレている」では日本社会のさまざまな「ズレ」について考察した。

ように、「新入社員」も初めはレベル上げを意識するどころか、毎日のタスクをこなすだけで精一杯でしょう。

しかし、仕事に慣れてくると、おそらくさまざまな「ミッション」、さらに言えば「敵」の存在に気づくはずです。それは会社の古臭い因習かもしれないし、嫌な上司や、取引先の人間かもしれない。だけど、まだレベルが低いあなたは、そういった「ミッション」や「敵」に気づいても、一人で倒すことはおそらくできません。

そこであなたは強い「仲間」を探すことになります。しかし、ただやみくもに「仲間」を作ればいいというわけではありません。レベルを上げるにあたって、「仲間」は非常に重要な意味を持ちます。まさにRPGがそうであるように、弱い仲間とつるんで、弱い敵を倒したところで、たいした経験値は手に入りません。経験値を一気に上げるためには、強い仲間に自分を引き入れてもらい、自分だけではとてもクリア不可能なミッションをこなすことが必要です。

しかし、レベルが高い人たちは、普通わざわざレベルが低い人を自分たちのグループに加えようとはしません。それがただの足手まといになることを知っているからです。ではどうすればいいのか。経験値を急に蓄積することはできません。しかしあなたに、「特殊能力」があったらどうでしょうか。

たとえレベルが低くても、あなたにしかできないような専門性があれば、レベルが高いチームに呼んでもらえる可能性は高まります。それは「ITに関してやたら詳しい」でもいいでしょうし「若者世代の気持ちや行動を客観的に分析できる」など「新入社員」ならではの専門性でもいい。もしくは「とにかく社交が上手」とか「相槌がうまいから、どんな会議でも盛り上げることができる」などでもいい。本当のRPGと違い、死者を蘇らせるような魔法は使えなくても（使えるわけがありません）、会社で評価される「専門性」にはさまざまなものがあります。

こうして、「仲間」を見つけて、「敵」を倒したり、さまざまな困難をクリアしていくうちに、「新入社員」だったあなたのレベルは自然に上がっているはずです。

しかし、ゲームと違うのは、苦労が必ずしも報われるわけではない、ということです。ゲームでは敵を倒せば倒すだけ、ミッションをこなせばこなすだけ、だれもが平等にレベルを上げることができます。

しかし、現実世界では残念ながらそうはいきません。苦労してクリアしたミッションが、実はまったくの無駄なんてことも日常茶飯事。またゲームとは違って、物語は自分で作るものです。だれと「仲間」になり、どんなミッションをこなすかということ自体、自分で決めなくてはなりません。優秀なゲームデザイナーが設計したＲＰＧと違い、この世界は時に不条理で、時に無慈悲です。

だけど、現実のほうがゲームよりおもしろいこともあります。それは、プレイするゲーム自体を変更できるということ、そしてゲームを変えても経験値の一部を引き継げることです。要するに、転職や独立のことです。

かつては、「社長になること」「昇進すること」が会社ゲームの一番の目標だった時代もありました。しかし、今や転職や起業は珍しいことではありません。なにも自分が向いていないと思ったルールでいつまでも戦い続ける必要はありません。しかるべき「仲間」や「専門性」のある人は、どんなゲームでも戦うことができます。

この社会は、ＲＰＧと違って無敵の勇者も、魅惑の魔法使いもいません。そもそも明確な「クリア」もありません。だけど、もしかしたらゲーム以上に楽しい冒険ができる可能性があります。いま、新入社員のみなさんは、その冒険の始まりに立っている。そう思うと、明日からの仕事が楽しみになりませんか。

千住　博

◉日本画家

自ら選んだ道で生き残るために必要なのは、成功するまでやり続けること。

絵画の制作は毎日が挫折の連続です。絵の具が画面に定着しなくて触るとどんどん落ちてしまったり、塗った絵の具にひびが入って割れてしまったり、塗った色が乾いたら全く違う色になっていたり、描いたモチーフを離れて見たら大きすぎたり小さすぎたり――、言い出したらキリがありません。前はこれでうまくいったのにおかしいな、と思ったところで致し方なく、こんな時には過去の経験などほとんど生きないのだと教えられ、絶望的な気持ちにさせられます。そういう日はやるだけやって、駄目ならさっさと家に帰って布団をかぶって寝てしまいます。寝ながらも、

せんじゅ・ひろし　一九五八年生まれ。京都芸術大学教授。九五年ヴェネチア・ビエンナーレにて東洋人として初めて絵画で名誉賞受賞。東京、京都、ニューヨークを駆け巡りながら制作活動を行なう。日本芸術院会員。

どうしたらいいか考えていますが、次の朝起きると体力は回復していますから、よしやるぞという気になり、ネバーギブアップの精神で勇気をふり絞って、再びアトリエに入って行きます。

こうして腕力でねじ伏せるくらいの気持ちがないと、絵はうまくいきません。そのためには精神力、と思うかもしれませんが、実は一にも二にも体力なのです。精神力にはそれほど個人差がなく、みな弱いもので、体力があれば、気力はあとからついてきます。そのことを三十年余の画業を通していやというほど教えられました。

絵を描くことは、実は体育会系の行為ではないかと感じています。考えてみると世界の巨匠と呼ばれる芸術家たちはみな、スポーツマンのような体格で、助手たちとの関係も体育会を感じさせます。巨匠たちもきっと、挫折感というハードルを体力で乗り越えている毎日なのでしょう。クロードモネもピカソも大画面と格闘し、まるで格闘技の選手のような出で立ちと一生でした。

そうやって制作を進めて、発表までこぎつけたらそこからがまた大変です。発表した後、「わぁ、すごい。さぞ努力したことでしょう、立派立派」などと褒められることはまずありません。他者が好意的に温かくとらえてくれるなど、プロの世界ではほとんどないことでしょう。個展会場で一週間座っていても、見に来てくれる客はほとんどいない、そんなところからすべての若手の画家はスタートします。寂しいものです。それを過ぎると今度は、悪意に満ちた意見を言われたり、的外れな批判をされたりという経験が、次のハードルとして画家の前に立ちふさがります。腹が立ちますがそれはまだいいほうで、一番辛いのは「無視」です。芸術は自分の思いを伝えたいがためのコミュニケーションですから、無視というのは自分の存在そのものを否定されるに等しく、大層こたえるものです。つくづく、画家は打たれ強くないとやっていけないと感じます。

さて、ここからがまた大変です。アートシーンの頂上はどんなかというと、私もまだ良くわかりませんが、普通に考えてみても、一番高い所は見晴らしはよくても風当たりは相当強いものでしょう。立ち続けるだけでも大変なはずです。そんな時こそ、スタート期から積み重ねてきた体験が役に立ってくるのではないでしょうか。挫折という幾つものハードルを、打たれ強く、へこたれず、気丈に乗り越えてきた体験です。ころび方を身につけ、打たれ方を身につけてきたからこそ、なんとか立っていられるのです。この体験なくして頂点に立ってしまうと、たちまちのうちに転落し、打ちどころが悪ければ二度と起き上がれなくなってしまうのです。

そのような挫折の連続の中、多くを学びました。たとえば世の中も自分の作品も、そう簡単には良いほうに転ばないものということも、知りました。良くない時こそ本当の力――なにしろそれが作品の大半なわけで――と、そのくらいの気持ちで画家としての日々を過ごしてきました。世の中に多くのヒットを出している人はそれだけ失敗も多く、傷つきながら乗り越えた挫折も多いことを知るべきでしょう。三割バッターも七割は失敗しているのです。プロの世界に王道なし、ということです。

こんな感じの三十年余の画業の間、素晴らしい才能を持った何人もの仲間に出会いました。しかしその大半はそれぞれに逃げる理由をみつけ、自らアートシーンから退散してしまいました。彼らと私の違いはどこにあったのか、それは私のほうが才能が足りなかったにもかかわらず、打たれても無視されても批判にさらされても、とにかく舞台に立ち続け、人前に出続けたということ、そして私の体力が、私自身を支え続けてくれたということです。

自らが選んだ道で生き残るための教訓、それは「成功する人は成功するまでやった人」だと私は考えます。

豊長雄二

◉パティシエ

常に勉強し続けなければ、プロフェッショナルの世界では淘汰されてしまう。

小学生が将来なりたい職業ランキングの上位に、「パティシエ」が入るようになってから、どのくらいがたつでしょう。私がこの職に就いた頃は、「お菓子屋さん」「ケーキ屋さん」と呼ばれていました。パティシエと呼ばれると、レベルアップしたように聞こえますが、私の知る三十五年以上前から仕事内容に大きな変化はありません。

プロのパティシエになるために必要なことは何かと聞かれることが多いのですが、その答えは至ってシンプルです。パティシエといえども、一人の社会人にすぎません。人に会ったら挨拶をする、呼ばれたら返事をする、時間を守る。そしてパティシエは、アーティストではなく、サービス業であり、人をもてなす気持ちがなくしては成り立たない仕事です。

お菓子屋さんがパティシエと呼ばれるようになってから、私たちの職業に対する社会のイメージの変化を感じています。それは菓子作りを生業としようと思うよりも、お菓子を通じてパフォーマンスをしたいと思う若者が増えてきたのではということです。私がフランス菓子屋になったきっかけは、この仕事が自分の性格に何となく合っているだろうとの第六感に従ったものです。進路指導の先生に希望した就職先の条件は、「住み込みで働ける店」だけでした。就活をすることもなく、先生に紹介された新宿の、とあるフランス菓子店に就職することができました。風呂なし四畳半一間の借間式アパート付きで、給料は手取り八万円。フリーターなんて言葉のない時代で、就職浪人にならなくてよかったと、心から思いました。

しかし初めて触れるパティシエの仕事は想像以上の重労働で、芸術的センスが問われるような繊細な仕事ではありませんでした。早朝から立ちっぱなしの作業。一袋三十キロある砂糖を運び、手から粉が吹くまで続く洗い場の仕事。手間隙かけて作った菓子がすべて売り切れるわけでなく、返品、クレームを目の当たりにする日

とよなが・ゆうじ　とよなが製菓代表。五年間の渡欧中、日本人初のフランス巡歴同業者組合員(コンパニョン)となる。帰国後ル・コルドン・ブルー日本校では、アジア人として初めて菓子テクニカルディレクターとして教鞭をとる。

日。これは大変な職に就いてしまったと思いながらも、私は一つの決心をしました。
「いつの日かプロのシェフになってみせる」

お菓子作りの世界には、アマチュアとプロフェッショナルが存在します。それは音楽やスポーツの世界と同じです。誰もがプロになることをめざすことができます。だからと言って、誰もがプロになれるわけではありません。プロフェッショナルとは何か。少なくとも菓子を作り生きている、そしてその仕事を第三者から認められる存在であることであると思います。一日何時間練習したらプロになれる、そんな決まりがある世界ではありません。

みなさんは、シェフに対してどのようなイメージをお持ちでしょうか。「背の高い帽子を被り、好きな菓子を好きなだけ作り、お客様の前に優雅に登場する」といったものとはほど遠い、私のシェフとして当たり前の業務をお話しします。まず、売れる菓子を作らなければなりません。どんなに思いを馳せて作った菓子でも、売れないものは売れない、それが私の結果となります。シェフになれば当然部下に対する責任が生じます。たとえば販売スタッフが、お客様の購入した菓子にロウソクを入れ忘れたとのクレームを受けます。その際私は、お客様の元に出向き謝罪をします。それがシェフの日常業務です。

それではいつになったらシェフのポジションを得られるのでしょうか。それはあなたが、今日から自分はシェフになる、と思ったその日からです。私はシェフになるまで十二年を要しました。あるオーナーから私にシェフとして働いてほしいとの要請があり、それを私が受け入れたのです。果たして私にシェフとしての能力があるのか、まだ勉強することがたくさんあるのではないかと自問自答を繰り返し悩みました。しかし私自身が決断しなければ、私の未来は開けません。こうしてシェフとして、すなわちプロとしてのキャリアをスタートしてから二十五年が経ちました。今ここで、間違い無く言えることは、シェフになるまでの十二年間より、シェフになってからの二十五年間のほうが勉強しているということです。なぜなら、常に勉強し続けなければ、プロフェッショナルの世界では淘汰されてしまうことに気づいたからです。私には好きな言葉があります。「職人は常に見習いである」。

この世界に一歩足を踏み入れたら、学ぶこと、探求することへの終わりはありません。パティシエになったら夢を見ている時間はありません。人々に夢を見させるのがパティシエの仕事です。

佐山展生

◉インテグラル取締役パートナー
一橋大学大学院経営管理研究科客員教授

ピンチは次の大きな世界に羽ばたくチャンスです。

大学を卒業して帝人に入社したのは一九七六年の四月でした。大阪本社での入社式、二ヵ月にわたる広島県の三原工場でのナイロン製造部のタイヤコードの製糸現場での三交替実習、愛媛県の松山工場のテトロン製造部への配属、テトロンの重合現場でのその後の三年間の三交替勤務、独身寮生活……。思い出すと夢と緊張感の入り交じった不思議な、しかし新鮮な気持ちで過ごした新入社員時代が懐かしく思い出されます。

新入社員にとって普通、社会に出てしばらくは、勤務先の皆の仕事についていくのがやっとの状態でしょう。学生とはまったく違うプロの世界への仲間入りです。そこでかなりの人たちは、いかに自分が仕事をする能力がないのかに気づき、将来果たしてやっていけるのか不安になります。しかし、真剣に仕事に取り組み、「自分で考える姿勢」を保てば、徐々に仕事の世界が見えてきます。そうなると今度は、いかに皆が本当のところまではわからずに仕事をしているかということ、いかに皆がわかっていないかが見えてくるのです。

どのような分野の仕事も本当のプロはほんの少ししかいません。皆がいかにわかっていないかがわかると、仕事に自信がつき、その仕事がおもしろくなってきます。まずはその分野の第一人者になるべく、受け身ではなくとにかく「自分で考えて仕事をする」ことです。自分で考えて仕事をしようとした人と受け身で言われたことだけをした人とは一年後、二年後、そして十年後の力は雲泥の差となります。

新入社員のみなさん、人生設計を立てたことはありますか。それは何年で立てていますか。あるいは、日々の出来事に追われ、足元だけを見て目線を上げてずっと将来のことを考えたことがないですか。実は、私は、帝人に入社して三十歳くらいまでは、とにかく定年まで一生懸命に働き、少しでも「えらくなる」ということを

さやま・のぶお　一九五三年生まれ。七六年京都大学工学部卒業後、帝人入社。三井銀行(現三井住友銀行)企業情報部長を経て、ユニゾン・キャピタルおよびGCAを共同設立。〇七年インテグラル共同設立、取締役パートナー(現任)。一五年スカイマーク代表取締役会長。〇五年一橋大学大学院国際企業戦略研究科(現経営管理研究科)客員教授。一〇年京都大学経営管理大学院客員教授。著書「生涯現役論」「バイアウト」「社長の器」「社長の値打ち」ほか。

当然のように目標としていました。当時は、今のように転職という選択肢はありませんでした。今となっては、ひとつの会社というかに狭い領域を自分の人生のすべての領域と決めつけて毎日を過ごしていたことか自分でも驚きます。どんなに大きな会社も日本の中の小さな存在ですし、ましてや世界の中では取るに足らないほどの小さな存在なのです。しかし、多くの人たちが、その小さな世界で悩み、出口を見つけられないような気がして過ごしているような気がします。

新入社員のみなさんは、これからいろいろな壁にぶつかると思います。その中には、もうけっして突破できないのではないかと思うような厚い壁にぶつかることもあるでしょう。しかし、そんなとき、思い出してください、出口のないトンネルはないということを。また、上へ高くジャンプするときはだれもがしゃがむということを。直立したままでジャンプはできません。苦境に立たされているとき、それはある意味ではしゃがんで、次のステップへジャンプするエネルギーをためているのです。まったく現状に疑問をもたず、不満もなければ現状を変える必要がないので、それは逆に次のステップへ大きく羽ばたくチャンスを失っているのかもしれません。苦境に陥っているときはつらいですが、振り返ってみるとそれが次の世界へのきっかけをつくってくれているのです。私も帝人時代に二回、銀行時代に二回、出口の見えないくらい悩んだことがありました。しかし、それがあったからこそ、転職もし、大学院にも行き、そして起業もする気になったのです。ピンチは、次の人きな世界へのチャンスです。

いまや平均寿命は男性が八十歳代に、女性は八十五歳を超えています。みなさんが年齢を重ねる頃には、さらに平均年齢は伸びていることでしょう。脚本家は全体のシナリオを決めてから詳細の創作に入ります。行き当たりばったりに展開してしまうと、終わってみればよくわからないおもしろくないドラマになってしまいます。将来変わってもかまいません。二十代の新入社員のみなさんは、百年の計を立ててください。大きな夢を追い求めてください。百年生きないかもしれません、夢が叶わないかもしれません。精一杯生きたならそれでいいじゃないですか。しかし、百年の計を立てて夢を追い求める人生は夢と希望に満ちています、一度の人生、夢と希望に満ちて生きていってほしいと思います。人生、捨てたものじゃないです。がんばれば結構、結果につながってくるものですし、思ってもみないようなドラマも待っています。向上心をもって生きていこうとする新入社員のみなさんのこれからの人生が自らの努力によって輝くようにお祈りいたします。

coba

⊙アコーディオニスト／作曲家

新人だからこそ時代精神を踏まえた改革ができる。確固たる反逆心が存在しなければだめだ。

われわれ日本人にはある定められた規則や限定された範囲の中でものをつくっていくことを得意とする習性がある。つまり、お弁当箱を与えられてこの中にハンバーグとポテトサラダと卵焼きを入れてお昼のお弁当をつくりなさいという課題を与えられると、短時間で効率よく実においしいお弁当をつくってしまうくせに、「キミのインスピレーションで考えうるかぎり食べた人が最も幸せになれるランチを提案しなさい」などという無条件な課題を与えられると、面食らって身動きがとれなくなってしまうのが一般的な日本人の特質だったような気がする。

したがって新しい組織に新人として属することになったとき、「郷に入っては郷に従え」というわけで、従来その組織が継承してきた規則や常識観、倫理観、方法論などを何の疑いもなしに受け入れ、学習していくことが有望な新人たる要因であったわけだ。

しかしそのような概念からは新しい表現形態はおよそ生まれにくいものである。よく逆転の発想という言葉を耳にするが、ぼくがものをつくるときにまず最初に必ず行なう作業は、すべての定められている条件を疑ってみることだ。つまり、それらの条件の一つひとつが本当にそのプロジェクトの表現形態としてふさわしいものなのか、というレベルから発想を開始することで、よりユニークなものづくりをしていこうというわけだ。

長年培われてきた方法論の重みはむろん大きいが、人間の感性は絶えず移り変わっていくものだし、新人だからこそ時代精神を踏まえた上での改革の発想ができるはず。それこそが自分の表現を大切にすることだと思う。

組織が文化をつくる時代はもはや終わっている。ましてやその組織の一歯車としての新人という定義ほど魅力に欠けるものはないだろう。発想や行動に自分なりの

コバ　十八歳でイタリアに留学。在学中、世界コンクールで東洋人として初優勝。アコーディオンの伝統的イメージを革新し続け、CM・TV・映画・舞台などのさまざまな音楽シーンで活躍中。二〇一七年、アコーディオンの聖地、伊・カステルフィダルド市にて名誉市民賞を受賞。

テイスト感を持つことはむしろ新人であればこその特権のはずだ。組織の中の自分の存在を選択肢の過程と定義しないで、創造と表現の場としてほしい。

つまり、組織の中でいかに生かされるかを考えるのではなく、その組織をどう利用していくか、もしくはどうつくり替えていくかという発想が必要なのだ。なぜなら組織というとてつもなく大きくみえる存在もしょせん一人ひとりの人間たちが形づくっているのであり、もっというなら数千、あるいは数万人の巨大な組織も、その方向性を決定するのはわずか数人の人間たちのもつアイデアによっているからだ。組織の中で活動しようと決めた以上、その数人のアイデアを実行する立場という選択肢もありだが、逆にそいつらを動かしうるアイデアをあなたが提案できたらもっと楽しくはないだろうか。そして少々乱暴ではあるが、そこには絶えず「一生組織の奴隷である必要はない」という確固たる反逆心が存在しなければだめだ。案外、そういうヤツにかぎって会社に一生骨をうずめたりするものだ。何よりもそういうヤツは話していておもしろいしね……。

職場の知恵と心得

関口仁子
◉東京工業大学理学院物理学教授

若い時は自分を縛ることはせず、置かれた場所で頑張ってみて、好きだと思えることを見つけてください。

新しい環境はいかがでしょうか？　気持ちが高揚している人もいるでしょう。未経験の連鎖に戸惑いを感じている人がいるかもしれません。私自身は一般社会における就職活動の経験はありませんが、研究と教育という職業を通して、これまでに経験しなかったことに出会った時に抱いた気持ち、考えたことをお伝えしたいと思います。

大学院に進学した途端、加速器という大型装置を使った実験に引きずり込まれました。所属研究室では原子核という非常に小さな物質を調べる研究を行なっていました。「おもしろそうだから」というだけの甘い気持ちで進学してみたものの、これまでの講義や演習が中心の世界とは異なり、実践を通して学ぶというスタイル。教科書に書かれていない内容も多く、該当する論文もむずかしすぎて理解できない。まったく手探りの状態に放り込まれました。「次に何をすべきか」という判断すらできないのですから、とにかく毎日研究室で出くわす「イベント」(研究)を理解するため、先生や先輩が進めている実験室での作業をメモし(一挙手一投足を観察する対象の方すらいました)、可能な限り真似をして身に付ける、ということを繰り返していたように思います。この繰り返しが、その後の自分の考え方や物事の進め方にどれだけ大きく影響しているかに気付くのは、ずっと先のことになります。

修士一年生も終わるころ、私自身が中心となって実験研究を進めるという機会に巡り会います。こちらも「おもしろいテーマに思えるから」という気持ちで飛びついたことですが、この時は実験を行なうために実験課題申請書を加速器施設に提出し、審査を経て認めてもらう必要がありました。「本当に私が書いてよいのだろうか?」と戸惑いながらの準備です。立ち止まっているわけにもいかず、研究を進めるために必要な情報と知識を得るために、研究室の中だけでなく、他大学の先生方

せきぐち・きみこ　一九九七年東京大学理学部卒業、二〇〇二年同大学院理学系研究科博士課程修了。理化学研究所研究員、東北大学准教授を経て、二〇二二年から東京工業大学理学院教授。専門は原子核物理学。二〇二二年第四十二回猿橋賞受賞。

をアポイントもなしで突然訪問するというようなこともいたしました。ちょっとした小言をおっしゃる方もいましたが、みなさん基本的に親切にご教示くださり、おかげさまで有意義な実験をさせてもらえるだけの実験日数を認めていただきました。この多少なりとも荷が重い経験が、研究において臆病なだけだった私が、小さいながらも自信を持つきっかけとなります。なお、この時の研究課題が、現在の私の研究の基礎となっています。

もう一つ。今から十五年ほど前、研究のホームグラウンドとしてきた実験室が新施設建設のために閉鎖されることとなりました。これは、行なってきた研究ができなくなることを意味します。それまでの研究グループは事実上散会。自分は一体何ができるのだろう？　と悩む日々が続きました。研究テーマをまったく違うものに変えるという解もあったと思います。少し時間が必要でしたが、最後に出した結論は「今私がやめたら、この物理も『その程度』のもので終わるのだろう（そうはしたくない）」というものでした。どのような形であれ「続ける」「展開する」と腹をくくると自然とやるべきことも見えてきます。いろいろな方の協力も得られるようになりました。そのころから、私が進めてきた研究テーマがさまざまな形で注目され始めたことも大きな助けになりました。

みなさんは、これからいろいろな出来事に出会うのだと思います。最近思うのは、若い時には自分を縛ることはせず、その時々に置かれた場所でまずは頑張ってみるのがいいのではないか、ということです。そのような中で、自分が大切だと思うこと、好きだと思うことを見つけてください。「出会い」も大切です。それは人だけではなく、物であったり、なにがしかの事象（イベント）だったりするかもしれません。たとえ一つでも、またそれが、まったくの想定外のものであったとしても、夢中になれるものができたならば、それは人生の宝物になるでしょう。

十倉雅和

◉住友化学会長

若いうちは力の出し惜しみをせず、自分の持てる力を二二〇%発揮し、一歩上の仕事に挑戦する気概を。

住友化学に一九七四年に入社して以来、常に上司や同僚、部下たちに恵まれ、切磋琢磨しながらさまざまな経験をしてきました。今改めてそれらを振り返ってみて、新入社員や若手社員の方々へのエールとして三つお伝えしたいと思います。

一つ目は、若いうちは力の出し惜しみをせず、積極的に一歩上の仕事に挑戦する気概を持ち、自分の持てる力を一二〇%発揮してほしい、ということです。

一九八〇年代後半、住友化学で、グローバルな総合化学会社を目指し、組織改革を検討するプロジェクトが立ち上がりました。当時の上司は、東京本社の査業部（全

とくら・まさかず　一九五〇年生まれ。七四年東京大学経済学部卒業後、住友化学工業（現住友化学）入社。九四年住友化学ベルギーS.A.／N.V.出向。二〇〇三年執行役員技術・経営企画室部長、〇八年代表取締役常務執行役員、〇九年代表取締役専務執行役員、一一年代表取締役社長を経て、一九年より現職。二一年より経団連会長。

社の予算権限を有する部署）に属していた三十代の私を、そのプロジェクトの責任者に任命してくれたのです。社内外の百人近くにインタビューして意見を聞き、仲間と侃々諤々《かんかんがくがく》の議論をしました。一年ほどかけて、私たちが打ち出した提案は、それまで非常に強かった本社の権限と責任を事業部門に委譲し、事業の多様性を許容することで、総合化学としての強みを生かしながら、迅速な意思決定と事業運営を可能にする組織体制とするもので、当時としては過激とも言うべき案でした。実際に日の目を見るのは数年後になりましたが、皆で描いた青写真は、三十年近く経った現在も住友化学の組織の基盤となっています。欧米の巨大化学企業と伍していくための組織の在り方を考えるプロジェクトは非常にチャレンジングな仕事でしたが、やり終えたときの山頂からの眺めは登った人にしか味わえないものでした。会社生活を終えるときに何か一つだけ持ち帰るとしたら、このときのレポートだと言えるくらい思い入れのあるプロジェクトで、当時の経験はその後の会社生活にも生かされています。山頂で悟る境地は万事に通ずるものがあるのです。

　また、「若者に大きな仕事を与えて、責任は全て自分が取る」と言って大役を任せてくれた前述の上司は、指揮官の振る舞い方を身をもって示してくれました。その凛とした佇まいは、今も私の胸に強く刻まれています。

二つ目は、ぜひ「謙虚な姿勢」と「相互理解の精神」で、積極的なコミュニケーションを図り、切磋琢磨してほしい、ということです。グローバリズムの時代を生き抜くにあたって、これらはますます重要になっています。

私が最初に配属された大阪本社の査業部には、全社の予算権限がありました。「査業部には事業に関するさまざまな情報が入ってくるし、部員は事業部門に対していろいろな意見を言える。しかし、予算権があるからといって偉いわけではない。決しておごってはいけない」。配属初日に上司から言われたこの言葉は、以降ずっと私の耳に残りました。「謙虚な姿勢」で相手の話に耳を傾け、そしてそのうえで議論すべきことがあればしっかり意見を言うことの大切さをその時教わったように思います。

四十代で駐在したベルギーでは、異文化を肌で感じる一方で、文化や価値観の違いこそあれ、腹をわって同じ目標や夢を共有することができれば、皆で協力して大きなことを成し遂げられるということを実感しました。人間の本質は国境を超えても変わるものではなく、「多様性」を尊重しながら「相互理解」に努めることが重要だとの思いを強くしました。

三つ目は、楽観的でポジティブな姿勢でいることを心掛けていただきたい、ということです。皆さんはこれからたくさん経験を積み、数年後には部下やチームを率いる立場になったりすると思います。ポジションが上がれば、やりがいも増えますが、一方で、責任も大きくなり、リーダーとしての孤独を感じることもあるかもしれません。そうしたときに思い出してほしいのが、フランスの哲学者アランの言葉「悲観は感情より出で、楽観は意志により生ず」です。ある先輩は、「心で泣きたいことがあっても、決して顔には出さず周囲にはいつもニコニコ大らかに接しないといけない」と私に言いました。一般的には「上司や先輩の背中を見て学べ」とされますが、私は、その方の真正面の姿から、多くを学んだように思います。困難な状況に直面したときこそ、笑顔でポジティブな姿勢を意識することが周りの皆をモチベートし、自由闊達な議論を引き起こして、より良い解を導くことができるのではないでしょうか。

私は昔から「義」という言葉が好きで、折に触れ、自分のしていることが組織のため、公のためになっているかを自問しながら、目の前のことに取り組んできました。皆さんにも大切にしたい価値観をぜひ見つけていただきたいと思います。そして、自らの手で、豊かな会社生活を切り拓いていかれることを心よりお祈りしています。

山崎直子

◉宇宙飛行士

社会人になったときの新鮮な感性を大切にして、会社に新しい風を吹かせ、自身も成長していってください。

「自分一人で石を持ち上げる気がなかったら、二人でも持ち上がらない」

これはゲーテが引用して残した言葉とされています。チームワークは宇宙飛行士の世界でも大切ですし、きっと皆さんのそれぞれの分野でも大切なのではないでしょうか。宇宙飛行士の訓練を通じて実感してきたことは、チームワークとは、ほかの人がいるからと安心するのではなく、お互い役割分担をしつつ、一人ひとりが人事を尽くすことなのだということでした。

十一年間の訓練過程の中では、いろいろなことを学びましたが、その中でも、たとえ若手に対しても「責任を取る」ことが強調されていた点が印象に残っています。たとえば、T‐38ジェット練習機の操縦訓練では、ただ飛ぶだけではなく、一連の飛行計画をつくります。どの経路を通り、どこで給油をして戻ってくるか、天気は大丈夫か、機体の調子はどうか、自分でチェックをするのです。自然が相手になるため、計画どおりにはいかず、天候が急変して途中で引き返したり、経由地で足止めを食らったり、いろいろなハプニングがつきものです。そのときに、自然が相手だから仕方がない、とつい言いたくなるのですが、一つの天気情報だけでなく、もっと複数の情報源をチェックできたのではないか、現地に直接電話をして確かめればよかったのでは、など足りなかったところを反省することで、責任を取り、自分ごととして学んでいくのです。

訓練以外の地上サポート業務でも、会議の議長をあえて若手に任せたり、ほかとの調整をリードさせたり、もちろん先輩の指導のもとではありますが、責任を取るという機会を要所要所で意識してつくられていたように思います。一人ひとりがしっかり自分の足で立つようになってこそ、チームワークが活きてくるからです。

ですから皆さんも、まだ若手だからと受け身になるのではなく、新入社員のうち

やまざき・なおこ　一九九六年宇宙開発事業団（現宇宙航空研究開発機構（JAXA））に技術職として入職。二〇〇一年、国際宇宙ステーション（ISS）の宇宙飛行士候補者に認定。一〇年、スペースシャトル・ディスカバリー号で宇宙へ。現在、スペースポートジャパン代表理事、日本宇宙少年団理事長、アースショット賞評議員。著書「宇宙飛行士になる勉強法」ほか。

から、どうしてそうなっているのか、自分だったらどうするか、自分ごととして意識してとらえていってほしいと思います。その過程で自分自身も成長しますし、そういう一人ひとりの想いが集まることで、大きな石が持ち上がるようになっていくのでしょう。

宇宙飛行士になる前に、技術職として筑波宇宙センターで働いていた頃は、その部署では女性技術者は初めてでした。ですから、最初は試行錯誤があったように思います。仕事の面では意識しなくても、たとえば懇親会の会費が男女で差があったので、どうしたらいいかOJTの先輩に相談したところ、そうだなあ、君は男性ではないが、この場合の女性にも当てはまらないなあ（笑）となり、結局、懇親会規約の書き方を変更して、同じ職種間では性別にかかわらず同額になるようにしていただいたこともありました。きっと、職場に新しく皆さんが入ることで、多様な価値観が加わり、今まで当たり前とされていたことが見直されるきっかけになると思います。会社の環境は時代の変化にどんどんと適応していっていますが、それには現場の気づきと周囲とのコミュニケーションが欠かせません。OJTの先輩方にはいまでも深く感謝しています。

そして、実際に宇宙飛行を経験して痛感したことは、当たり前と思っていたことは、当たり前ではない、ということです。地球に帰還したとき、こんなにも重力は重いのかと驚きました。普段は重力なんて意識していませんでしたが、無重量の宇宙から戻ってくると、紙一枚でもペン一本でも重く感じます。自分自身の身体が、特に頭が石のように重く感じます。この重力も、地球という、宇宙の中ではローカルな環境の中での「当たり前」であることに気づかされます。

そうして重い体を引きずるように外に出ると、今度は、ふわっと風が吹いてきて、周りの草木の匂いが漂ってきます。宇宙から見る地球は息をのむ美しさでしたが、地上で広がる日常の景色こそが美しいなと思いました。空気が吸えて、水が飲めてという、当たり前のように思える日常こそが、有難いと思えました。

感謝の反対は、当たり前に見過ごしてしまうことなのかもしれません。社会人になったときの新鮮な感性をぜひ大切にしてください。そして、新しい風を吹かせて、自分自身も会社も、お互いに成長していかれることを期待しています。

松井孝典

◉千葉工業大学学長

描かなかった夢がその後の人生においてある時、偶然に実現することなどあるとは思えない。

特に新社会人に向けてというわけではない。しかし自身の体験に基づいて若い人に何かアドバイスをすることがあるとすれば、ただひとつ「夢を描け」ということになる。これまでの人生を振り返ってみると少なくとも現在に至るまでは、大学進学の頃に自分はこういう人生を送りたいと思ったとおりの経過をたどっていることに気づくからである。自分が自分の人生はこうありたいと思った以外のことは基本的には何も実現していないといっても過言ではない。

私が自分の人生について初めて夢らしきものを描いたのは、小学生の頃である。

まつい・たかふみ　一九四六年生まれ。東京大学大学院博士課程修了。東京大学助教授などを経て九九年より同大学教授。二〇二〇年より現職。日本気象学会堀内奨励賞受賞。著書「宇宙誌」「惑星科学入門」ほか。

この頃旧ソ連により人類初の人工衛星スプートニック1号が打ち上げられた。このことが印象的だったのだろう。将来はロケット開発の技術者になりたいと作文に書いたのを記憶している。その後、高校に進学するまで自分の人生についてはこの小学生の頃の気持ちが漠然と残っていただけで、これといって考えた覚えはない。というか、そのように思い込みたいと思っていただけのことかもしれない。

大学に進学する頃になって初めて、この当然のように思っていた自分の人生を問い直す機会をもった。それがいまにして思えば幸いした。自分はどういう人生を送りたいのか、この時初めて真剣に考えたからである。

それがなぜか、その理由を簡単に述べることはできない。とにかくその時、人生は一回きりである、ならば自分の生きた証しがこの世に何らかの形で残るような、そういう人生を送りたいと思ったのである。これから企業に入る人たちには申しわけないがこの時、企業に入って歯車のひとつとして生きるような人生とは訣別した。ロケット開発の技術者になりたいという夢もしたがってこのとき失せてしまった。

といってどういう人生を送るかが具体的に浮かんでいたわけではない。思索する人生だったらいいと思っただけである。それが結果として人類に貢献するようなことなならおいいとは思った。そして大学時代に描いた夢は現代に至るその後の私の人生そのものといってよい。

どんな大きな夢でもよい。むしろ大きければ大きいほどよいだろう。結局、その人の人生は二十歳前後の若い頃に見た夢で決まるのではないか、というのが私の結論である。描かなかった夢がその後の人生においてある時偶然に実現することなどあるとは思えない。夢があるからこそその実現に向けて人はどんなことでも努力できるのではなかろうか。いまからでも遅くない。君たちのなかでまだ夢を描いたことのない人がいたら、早くそれを描くことをおすすめする。

夢を描くには自分を位置づける独自の座標軸をもつことが必要である。その座標軸は私の場合には物理学といってもよいが、それは各自が決めることでどれが一番いいというものではない。昨今の若者の宗教ブームはそのような座標軸を安易に求めようという結果かもしれない。しかしすべての判断をそれに基づいて行なうような座標軸は一朝一夕にできるものではない。ひとつの方法は過去に学ぶことである。そもそも人類の知性の程度は科学といってもその程度のことにすぎないからだ。自然とは、百五十億年前に誕生したこの宇宙の歴史的産物にほかならない。そして科学とは自然を知ることだから、結局のところこの宇宙の歴史を学ぶことになる。人間とは何ぞやという問いですら人間と宇宙の歴史に学ぶ以外理解しようがない。

そういう意味では幅広く知識を吸収したほうがよい。各自がこれまでの人生において蓄積した経験と知識をもとに独自の座標軸を早く構築することをすすめたい。

ここまで書いてきてここで述べていることがどこまで普遍性をもちえるのか疑問に感じている。すべての人がそんな夢を描いた人生を送っているわけはないからである。ただ漠然と生きるという人生もありうるし、むしろそのほうがずっと多くの人の生き方といえるかもしれない。そうだとするとまず決断すべきは自分がどちらの生き方を是とするかということになる。

しかし確実にいえることがひとつある。われわれ人類の人口がすでに地球上に住める定員に近いほどにまで達していることである。人はただ生きるために生きるというのでは二十一世紀の半ばまでに、その定員を越えてしまうだろう。一人ひとりの人間が人間とは何ぞやということをもう一度問い直し行動しなくては君たちの時代は苦難に満ちたものになる。その意味でこれからの新社会人は、各自が夢を描く生き方を半ば強制的に求められているといえるのかもしれない。

清家　篤

◉日本赤十字社社長／慶應義塾大学名誉教授

自分の頭で考えるというのは、それを他人にきちんと説明できるということ。

これからどんな仕事に就くにせよ、何より大切なのは、自分の頭で考えるということ。これはよく言われることだと思います。問題は、どうしたら自分の頭でものを考えられるようになるか、です。

ポイントは大きく分けると四つあります。問題の発見、仮説の構築、仮説の検証、そして結果の説明です。

まず何より大切なのは、問題の発見、すなわち考えるべきテーマをみつけることです。限られた時間の中で、あれもこれも考えることはできません。貴重な時間を

せいけ・あつし　一九七八年慶應義塾大学経済学部卒業。同大学商学部教授を経て、二〇〇九年より一七年まで慶應義塾長。二二年より現職。日本労務学会会長などを歴任。著書「雇用変革」ほか。

使って自分の頭を悩ませるべき問題は何かを選ばなければなりません。これを見つけられれば、自分の頭で考えることの半分は成功したようなものです。

たとえばいま、商品が売れないということが問題なのか、それとも残業が多すぎることが問題なのか。商品が売れなくて閑すぎるときに残業をどうしたら減らせるかを考えても仕方ありませんし、逆に商品が売れに売れて忙しくなっているような状況のために残業過多となり従業員が疲弊しかかっているようなときに、もっと商品が売れるようにするにはどうしたらよいか、と考えるのも不適切でしょう。

二つ目は仮説の構築、すなわち問題の原因を推論することです。これはその問題を引き起こしているものは何かという因果関係を考えることです。

たとえば問題はある商品の売れ行き不振だとすると、それは商品そのものに原因があるのか、それとも売り方の問題なのか。同じような売り方をしている他の商品は売れているから、これは商品の問題ではないか、とまず推論します。そして商品そのものが原因だとすると、どこに問題があるかについて仮説を立てるわけです。

ここではできるだけ具体的な因果関係でなければなりません。消費者のニーズに合わないから売れない、といった漠然としたものでは仮説になりません。「消費者の年齢が高齢化しているのに、機能を不必要に詰め込みすぎたことが原因だ」、というように、消費者の高齢化→機能高度化とのミスマッチ→売れ行き不振、といった因果の連鎖を明確にすることが必要です。仮説が明快で具体的であることは、次のステップである仮説の検証可能性を高める意味でも大切です。

そこで第三は仮説の検証、つまり因果関係の推論が正しいかどうかを、客観的に証明することです。たとえば先述の仮説ならば、機能を思い切って絞り込み、説明書の文字も大きくするなど、高齢者にも使いやすい商品をつくってみて、アンテナショップなどで売ってみるといったことです。それで売れ行きが回復すれば仮説は正しかったということですし、そうならなければ仮説は正しくなかったということになります。ここで大切なのは、仮説が正しくないということがわかるのもけっして無駄ではない、ということです。正しくなかった仮説はもう考える必要がないわけですから、次はその他の推論を検証していけばよいことになります。

そして最後は、その結論をだれもがわかるように説明することです。どんなによい考えでも、自分自身しか理解できないのでは周囲にはなんの影響も与えることはできません。また右のプロセスがきちんとなされるためにも、だれにも理解できるような説明、ということは不可欠です。

明快な仮説は、論理的でだれにも理解できるものでなければなりませんし、仮説の検証も、だれもが納得できる客観的なものでなければなりません。自分だけしかわからないような仮説を、とにかく正しいから信じてくれといったことは、妄想ではあっても、考えるという作業にはなりえません。そこで、問題の発見、仮説の構築、仮説の検証という一連の思考作業をきちんと行なうためにも、そのプロセスを自分以外の人によくわかるように説明する、ということが欠かせないのです。

さてここで述べてきたような、自分の頭で考えるという作業の典型が、実は論文を書くことです。ふさわしいテーマをみつけ、それについてまだだれも検証していない仮説を構築し、その仮説を資料や実験などで検証して、その結果を論文にまとめるわけです。それで私は大学での学生諸君の教育では、卒業論文の作成を特に重視してきました。すばらしい卒業論文を書き上げた学生ほど、実社会に出ていってもよい仕事をしています。ですからみなさんには、就職した後でも、何かを自分で考える際には、それをきちんと文章にまとめてみることをお勧めします。

大野和士

◉指揮者

どんなに忙しくても、日常を丁寧に積み重ねることが、活力になり、自分を救ってくれるはずです。

指揮者は、働く時間帯も夜が多いですし、ちょっと変わった職業なので、社会人になられたみなさんに「社会人としての心構え」を説く資格は私にはない、とまず申し上げておきましょう。その代わり、この職業のおかげでクロアチア、イタリア、ドイツ、ベルギーといろいろな国の人と共に働く機会を得ました。ここでは、人が働いて生きていくとはどういうことか、みなさんと一緒に考えたいと思います。

私が初めてプロとして仕事をしたのは日本でしたが、その後、外国ではクロアチアのオーケストラで音楽監督として働き始めました。クロアチアはサッカーが強い

おおの・かずし　東京藝術大学卒業。ザグレブ・フィル、バーデン州立歌劇場、ベルギー王立歌劇場などの音楽監督、フランス国立リヨン歌劇場首席指揮者を経て現在、東京都交響楽団音楽監督、ブリュッセル・フィルハーモニック音楽監督、新国立劇場オペラ芸術監督、東京フィル桂冠指揮者。サントリー音楽賞、日本芸術院賞、同恩賜賞など多数受賞。文化功労者。

ので、ご存じの方もあるかもしれませんが、当時はユーゴスラビアという共産主義国家のひとつでした。共産圏はものがないなどと言われましたが、クロアチアはイタリアの真向かいにあり、魚介類もおいしく、農作物が豊富で、人々ものんびりしていて、音楽への感受性が強く、外から来た者にとっては一見、天国のようなところだったのです。それが突然、クロアチアがユーゴスラビア連邦から独立、それを反対する連邦政府との間に戦争が始まって一変しました。

戦争というのは、それまで私は教科書でしか知りませんでした。世界史で丸暗記した「第一次世界大戦勃発」という言葉の響きは、何か一九一四年にドーンと大きな大砲が打ち抜かれ、その後一九一八年まで戦争中の国々は真っ暗に塗りつぶされるようなイメージでした。ところが、本当の戦争下の日々というのは、当たり前ですが快晴の日もあれば、土砂降りもあり、誕生日もあれば、葬式もある——つまり、戦争がまるで水漏れの壁みたいに、背景には染入っているのだけれど、それとは関係なく人間の日常生活は続くものなのです。

これを見ていて、人間にとって日常を丁寧に積み重ねるということが、どんなに大切なことなのか、また自分を救ってくれるものなのかを思い知りました。戦局がどうなるのか、経済がどうなるのか、それをいくら考えたところで、どうにもなりません。心配したところで、気が滅入ってくるだけです。私の同僚で空襲警報が鳴るなかで、イタリア語の活用を覚えている女性がいましたし、危険かどうかも考えず、聴衆はコンサート会場に歩いてきてくれました。これが、極限のなかで心の均衡を保つ秘訣だったからです。

日本や西欧と比べると、かつて辛酸をなめたことのある旧共産圏の人々は、「うまくいかないこと」に対して、強いように思われます。どっしりと重圧がかかって、まっすぐな枝だとポキッと折れてしまうところが、柳だと重さに負けたようでいて折れない。これからの時代のサバイバルには、このしなやかさが求められているように思えます。

みなさんも仕事をするうち、ポキッと折れそうなこともあるでしょう。そのときには、どんなに忙しくても、「丁寧な日常」を処方箋にしてください。ご飯を楽しむ、子どもの頭をなでる、妻や夫に微笑む。絵を見る、歯磨きの間に音楽を聴く（クラシックとは言いません）……。これが長い目で活力になるはずです。新入社員だけでなく経営者の方々もぜひ一緒にやりましょう。

西郷真理子

⦿都市計画家／まちづくりカンパニー・シープネットワーク代表

人々と価値観を共有し仕事を成功させたときの達成感はすばらしいものです。協力する喜びを学んでください。

多くの困難を乗り越えて、めでたく就職された新入社員のみなさん、どうもおめでとうございます。

入社は、社会人としてスタートラインに立ったということであって、これからがいよいよ本番です。社員となり、社会人となったみなさんには、達成しなければならない課題が、その後のさまざまな実務のなかで次々に生じてきます。でも恐れることはありません。一つひとつ壁を乗り越えていくときの達成感の喜びも大きいからです。

さまざまな課題を乗り越えていくための最良の処方箋とは何でしょうか。

私は、コミュニケーション能力ではないかと思います。社会人になるとは、生き方・考え方・価値観・感性・年齢差など、さまざまに異なる人々と接していかなければならないということです。学生時代のように、仲のよい友達だけとつき合っていればいいというわけにはいきません。

コミュニケーション能力とは、一言でいえば、他者と会話のキャッチボールをうまく行なえる能力のことです。もう少し具体的にいうと、相手の話をよく聞き、よく理解し、自分の伝えたい事を相手によく聞いてもらうことです。これはなかなかむずかしい能力ですが、この能力を開発し磨き上げ、きちんと身につけることが肝心です。そうすればレベルの高い仕事に不可欠な交渉能力や説得力という能力を自分の武器にすることができるからです。

現代社会のさまざまな問題は、人々がコミュニケーションをうまくとれなくなっている点に起因していることが少なくありません。コミュニケーション能力を身につければ、社内や仕事においてだけではなく、社会や家庭においても、人間関係を上手に築き上げていくことができ、幸せな人生がおくれます。

私は、学生時代に学んだ歴史的な町並みの調査から、人間はひとりでは生きられず、お互いに助け合って生きていく、共同の意識、共助の仕組みが大切、ということを学びました。それは、仕事で地域社会とかかわるなかで、より明確になってきました。

卒業後、川越市蔵造りの町並み保存、長浜市の中心市街地活性化、高松市丸亀町商店街再開発などの中心市街地の再開発事業にかかわってきましたが、これらの仕事で私が心がけてきたことは、住民の想いを実現する都市計画の専門家として仕事をしていこうということでした。まちづくりにおいては、コミュニティの再構築が重要ということです。そのためには市民ディベロッパーとしてのまちづくり会社を提唱し、各地のまちづくりで実践してきました。

まちづくりとは、市民の人たちが価値観を共有することで、実現していきます。人々と価値観を共有したと感じたときに仕事は成功するものであること、同時に、そのときの達成感はすばらしいものです。

新入社員のみなさんも、人々と協力しながら仕事をしていく喜びを学び、豊かな人生をおくってください。

さいごう・まりこ　一九七五年明治大学工学部建築学科卒業。九〇年まちづくりカンパニー・シープネットワーク設立。一級建築士、東京大学大学院非常勤講師。日本都市計画学会賞石川賞、NIPIM Asia Award総合賞SPECIAL JURY AWARD、日経ウーマン・オブ・ザ・イヤー大賞など受賞。

森田正光

◉気象予報士

簡単な仕事をどうこなすかは意外と重要です。それが将来を大きく左右するからです。

このような仕事をしていると、よく昔から天気が好きだったに違いないと思われるのですが、実は全然、そんなことはありません。確かに天文は好きで子どもの頃はよくプラネタリウムに通ったものですが、天文と気象は似て非なるもの、いまの仕事とはまったくとはいいませんが、ほとんど関係ありません。

ですから、学校を出て日本気象協会に入ったのも、別に天気予報の仕事がしたかったわけではありません。いうなればいきがかりでしょうか。たまたま先生の紹介でもあったし、他にこれといった就職先もなかったので、自然に決まったような感じ

もりた・まさみつ　一九五〇年生まれ。日本気象協会を経て、九二年ウェザーマップ社を設立。著書「天気のしくみ―雲のでき方からオーロラの正体まで―【Web動画付き】」ほか。

でした。しかし、そういう人って、結構多いんじゃないでしょうか。だれもがみな好きな職業につけるわけじゃないし、第一、学生のうちから自分はこれがやりたいんだ、という確固たる信念を持っている人がどれだけいるでしょう。ぼくの場合も、天気の仕事というのは純粋に生活の糧を得る手段でしかなかったわけです。

そんなぼくが、どうして子どもの頃から天気が好きだったと人に思われるほど天気予報の仕事にどっぷりと漬かってしまったのでしょう。確かに気象は最初に思ったより興味深い世界でしたが、新入社員の頃の実際の仕事は「電報」と呼ばれる五桁の数字の羅列を天気図記号に置き換えて天気図を書くことだけ、こればっかりでした。普通ならけっして楽しい仕事じゃありませんが、たまたま職人的な仕事が嫌いではなかったので、かなり天気図を速く書けるようになり、この最初の仕事はできるほうになりました。すると不思議なもので、いろいろな先輩に名前を覚えてもらえて、職場が楽しくなってくるんですね。どうせ会社という集団の中にいるのですから、知り合いの多いほうが何かにつけ楽しいのは当たり前です。新入社員のうちは仕事も単調で簡単なものが多いでしょうから、真面目に取り組めばだれでも上手にこなすことができるようになります。反対にこんな仕事はつまらない、と手を抜いているとそのうちミスも犯します。上司に叱られれば、ますます仕事がつまらなくなるでしょう。この差が将来職場の居心地を大きく左右するかもしれません。簡単な仕事をキチンとこなすのは、意外と重要なようです。

だからといって、与えられた仕事を素直にこなしているだけでは物足りません。ひとつは反発心です。天気予報の解説ひとつにしても、先輩の解説内容や解説原稿をみて、自分だったらこんな解説をするのに、と心の中ではいつも反発というか、違うやり方を思い描いていました。この気持ちがあればこそ、天気予報のスタイルもどんどん変わり、仕事の幅も広がったのだと思います。まあ、ただのひねくれ者なのかもしれませんが、偉そうにいえば、現状に甘んじない姿勢、人と違うことをしようという姿勢は忘れてはならないのではないでしょうか。

もうひとつは、やはり遊び心です。「いつまでも学生気分ではだめだ」などという人がいます。社会的な礼儀であるとか、言葉遣いなどはそうかもしれませんが、感性というか好奇心というか、そういうものはいつまでも学生の頃のまま持ち続けてほしいと思います。そのためにも遊びは欠かせません。

ぼくの場合、勤め始めた頃の勤務体制が日勤、夜勤、明け、休みというサイクルで、日勤の日を除けば昼間はほとんど自由時間でした。もちろんまだ若い頃でしたから、少々寝不足でも大丈夫。映画を観たり、本を読んだり、ギターを弾いたりして好き勝手に自由時間を過ごしていました。特に映画は大好きで、休日には三本立ての映画館を三館はしご（合計九本）したりしたものです。映画や読書というのはもっとも簡単に日常を離れられますし、居ながらにしていろいろな人の考え方や生き方を知ることができます。そうすると、仕事に戻ったときに少し新鮮な気持ちになることができるんですよ。ゴルフやカラオケなど仕事に直結する遊びも必要かもしれませんが、職業人としての自分とは別の自分を、遊びの中にいつも持ち続けていてほしいと思います。そんなわけで、いまでも携帯型ゲーム機を手離したことがありません。

結論は、やはり人生を楽しむ気持ちではないでしょうか。ぼくもずいぶん仕事で失敗もしましたし、いろいろと批判をいただくこともあります。でも、人生も天気と一緒で、雨も降れば晴れもします。少なくともいえることは、いままで止まなかった雨はないということです。今度晴れたら何をしようか。いつもそんなふうに考えて楽しく仕事しましょう。

大田弘子

⦿政策研究大学院大学特別教授

企業のために懸命に働いたほうがいい。のめりこまなければ技能は形成されないからだ。

いま大学の教師になっている自分の姿は、つくづく不思議だと思う。大学を卒業するとき、こんなことになろうとは思いもしなかった。

大学時代はほとんどの授業をさぼって、ふわふわと遊び暮らしていた。真面目に励んだのは、部活動の陸上競技だけ。体育学部を卒業したようなもので、体力はついたが、学力は身につかなかった。

卒業するときは女子学生の就職難で、土砂降りといわれた時期だ。男子の売れゆきはよい大学だが、女子は人数が少なすぎて当時の指定校にすら入っていない。し

おおた・ひろこ　一九五四年生まれ。一橋大学社会学部卒業。生命保険文化センター研究員、埼玉大学助教授などを経て、二〇〇一年政策研究大学院大学教授、〇六年経済財政担当大臣。一九年より現職。専門分野は、財政、経済政策。著書「リスクの経済学」ほか。

かも、悪いことに私は東京出身ではない。当時は、自宅通勤でない女性は就職の機会が非常に少なかったのだ。何とかある企業に入ったが、うまく合わずに二年で退職。しばらくぶらぶらしたあと、ある調査研究機関に勤めることになった。幸いなことに、ここでは自由な研究の機会が与えられた。このときに私の向学心は、ようやく盛り上がった。大学時代にさぼっていただけに、後悔の念がすこぶるつよい。母校で聴講しながら経済学の勉強をはじめた。外部での発言や、文章をまとめる機会も少しずつ増えていった。

そして、無理してでも大学院に進学したほうがいいかなと思い始めたとき、大阪大学の経済学部でしばらく教えないか、という話が舞い込んだ。「リスクと情報の経済学」というある企業の寄付講座の担当教官だ。学ぶより教える側に立ったほうが身につくのはわかりきっている。大学で教えることはそれほど楽でない、と後で思い知ることになるが、ともかく三年間、大阪大学に勤めることにした。ここの経済学部は、はぐれ者の私を気持ちよく迎えてくれ、同僚の大学院の授業を学生と一緒に聞いたりして十分に勉強させてもらった。

この任期が終わった後も大学教師として仕事をしようと思った最大の理由は、発言の自由が確保されることだ。民間のシンクタンクでも、発言の制約はそれほどないが、それでも設立母体の利害に密着するテーマになると、軋轢が起こる。大学教師がもっとも恵まれているのは、発言の自由と生活の安定を両立できることだ。そういう場を探し続けていたら、はからずも大学教師の職に行きついた。しかし、行きついたというより、周囲の人に助けられて、幸運に恵まれて、場を与えられたといったほうが実感に近い。

みなさんのなかにも、大学時代にろくな勉強をせずに、後悔している方がおられると思う。そういう人は、本気で後悔して、卒業したら勉強しよう。大学を出てからの期間のほうがはるかに長いのだ。大学を出てからの勉強のほうがほんものだし、ずっと真剣に取り組める。

学生時代にまじめに勉強した人も、社会で勉強を続けよう。企業での仕事は短期的なことが大半だから、きっと知的に飢えてくると思う。短期的なノウハウだけではなく、根本にさかのぼって考えたいという気持ちが出てくるはずだ。変化の速い時代だからこそ、知的好奇心を持ちつづけ、「知力」を磨くことが大切だと思う。

最初に就職したいまは、これで人生の大きな方向が決まったと思っておられるかもしれない。しかし、実はそうではない。いつどこでどんな出会いがあるか、先のことはだれにもわからないのである。これからはますます転職が増えるだろう。企業のほうがあぶなくなることだってある。自分が労働市場でどう評価されるのか、自分の労働力の価値を頭のどこかで考えておかねばならない時代になっている。企業のために粉骨砕身すれば報われる、という時代でもなくなった。しかし、そうであるからこそ、企業のために懸命に働いたほうがいい。どんな仕事でも、ある程度のめりこまなければ、技能は形成されないからだ。企業のためが自分のためで、自分のためが企業のため、というギブ・アンド・テイクが成り立つのは健全なことだ。

ただし、転職を繰り返してきた私に言える筋合いのことではないが、安易に転職を考えるのはやはりよくない。就職して何年か経つと、この仕事は自分に向かないのではないかと考え込む時期がきっとくる。そのときに思い出してもらえるとうれしいのだが、仕事が向くか向かないかは、自分で判断しないほうがよい。転機は向こうから訪れるものである。仕事が自分に向かない、という気持ちが持続しているならば、いつか機が熟すときがくる。人生は結構長いから、焦らずに、ゆったり構えることも大切だと思う。

ピーター・フランクル

⊙数学者／大道芸人

もはや滅私奉社精神は望ましくない。ぼくのお勧めは「伸私奉社」である。

新入社員を歓迎するおごそかなスピーチの中で、よく「諸君の社会人としての自立した人生の始まりだ」というコメントがある。しかし、本当にそうなのかと考えてみると、だいぶ違うことに気づく。

たとえば、大学時代に親元を離れて過ごした多くの学生は、バイト代で生活費を賄ってきたし、場合によってはその賃金は初任給よりかなり高かった。一方、自宅通いの多くの若者は就職してからもずっと親の脛にかじりつき続ける。

では、何が本当に変わるのだろうか？　良い方向と悪い方向に変わることを一つ

Peter Frankl　一九五三年ハンガリー生まれ。国際数学オリンピックで金メダルを受賞。ハンガリー学士院メンバー。八八年より日本在住。九二年算数オリンピック設立以来専務理事を務める。著書「世界青春放浪記」ほか。

ずつあげよう。

良い方向に変わることとして、一つの組織に所属するようになることがあげられる。出身学部や成績などにもよるけれど、多くの場合は希望していたいくつかの会社から自分が選択した一社である。だからそこの社員になれたことを誇りに思うべきだ。中学校や高等学校の運動部に所属しているのとかなり似た気持ちであろう。甲子園やインターハイで優勝できなくても、自分たちより強いチームがたくさんあっても、みな「○○学校の△△部の部員だ」とユニフォームを身にまとい、目を輝かせながら言える。スポーツに比べれば何倍も社会的に有意義な活動をしている会社、そのメンバーに仲間入りしたことはまことにおめでたい。人間はいくらすばらしい才能と抜群な労働力を所有していたとしても、一匹狼は大きな組織にかなわない。

悪い方向に変わることとしては、自分の時間がきわめて少なくなることがあげられる。一昔前に、ドイツ留学から帰ってきてハンガリー国営商社へ就職した友人が「仕事が終わると疲れて、学習などに集中できない」と嘆いていたことをいまでも鮮明に憶えている。残業もなく、一日に八時間の勤務だったのに！

日本の会社だと連日の残業に加え、休日勤務、さらに仕事後の食事会や飲み会、週末には同僚とのゴルフなどのおつき合いもめずらしくない。特に一人暮らしの新入社員は読書や映画鑑賞などの文化活動どころか、部屋の掃除や洗濯の暇もほとんどないほどであろう。このような労働条件の中でも、文句を言わずに働き続ける日本のサラリーマンを昔から尊敬してきた。ヨーロッパに生まれ育ってきたぼくにはそこまでの忍耐力がない。

　確かに日本でも勤務状況についていけず、会社を辞めたり精神病になったりする若者もふえてきた。日本社会の変化をみれば無理ないことだ。「一億総中流」といわれた日本も、アメリカ化が進み、ヨーロッパ以上に格差が広がってきた。経営陣の収入は年々膨らんでいくのに、「働いても、働いても給料がふえない」というのが平社員の実感である。それに終身雇用制度も崩れてきた。以前はよほどの過ちを犯さない限り、クビになることはなかったが、最近は人員削減が会社の利益をふやす当たり前の手段になってきた。

　そんな現状の中で滅私奉社精神を保つのは容易ではない。いや、それは自分の将来を考えた上で、もはや望ましくない。

ぼくは二年ほどアメリカ最大の電話会社ＡＴ＆Ｔの研究所で働いたことがある。自由と極端な個人主義が国民の理想だと思ったアメリカ、意外とみな会社への忠誠心があった。自宅でも他社の割引料金を利用せず、みな自社の電話線を使っていたほど所属意識が強かった。しかし、他の研究所への転職依頼があればそれをきわめて冷静に考え、条件の善し悪しのみで最終判断を下していた。

グローバル化の渦の中で、日本の新入社員も積極的に自分の人生を考えなければいけない。ぼくのお勧めは「伸私奉社」である。会社のために最大限に尽くすけれど、その中で自分も伸びるように努力する。上司や先輩から学べることが多いので、いくら叱られても怒ってはいけない。過ちを真摯に認め、それを克服するための助言（アドバイス）を求める。会社での居心地は人間関係によって決まる。自尊心や誇りを表に出して、喧嘩をすれば毎日顔を合わせるのも苦しくなる。ペコペコしながらも相手をしっかりみて、見習えることをしっかり吸収する。時折、自分と優秀な先輩を客観的に比較して、自分に不足しているものをどう補えばよいか考えてみることが大切だ。

人間としても社員としても伸びていくことは誇りの元となる。また、よい会社であればそのうち周囲にも認められ、努力は必ず報われるだろう。さもなければ転職時期がやってきたと思うべきだ。

最後に、自分の時間が極少であることについて、ちょっとした対策を提唱したい。あなたの人生の主人公はあなた自身であるはず。人気のユーチューバーやインスタグラマーなどではない。十年後のあなたにとってオリンピックなどで日本が何個のメダルを獲得したのかはどうでもよい。タレントの○○さんがだれと結婚し、また、離婚してもあなたの将来とは関係がない。テレビの電源をＯＮにする前に、三十秒ほど真剣に、「私にとって何かもっとやるべきことはないか」と考えてみてください！

しなやかな心と体

サヘル・ローズ

⦿俳優

一人ひとり、得意分野は異なるのが当たり前だから他者と比較するのではなく、自分の音色、個性を大事にして。

学生時代とは異なる景色、異なるルーティン。きっと戸惑いながらの日々の中で不安を抱くこともある。でもね、その『不安』は『みんな同じ』だから、独りじゃない。

想像するよりも現実は厳しい。けれど、想像にはなかった経験はある。

あっ、自己紹介もせずにいきなり話し出してごめんね。私はイラン出身のサヘル・ローズといいます。身寄りがなく四歳から七歳までは孤児院で生活をしていました。孤児院では集団生活だったので、体は子どもだけど中身は『大人』。でも、ここで学んだことが今となっては『いい経験』。

例えば、気を使う能力、相手のほしいものを察知する能力、そして孤独と向き合う能力と、いろんな事を学べた。

だけど心の部品はどうしても欠けてしまった。

基本的には私の事を周りの方々は、いつも元気で『強そう』と言ってくれます。だけど『弱い』よ、びっくりするほど心がすぐにひび割れしてしまう。

きっと幼少期の出来事も影響しているし、養子縁組をしてからいろんなご縁で日本に来て、一時は義父からの虐待や、家を追い出されてしまってからの路上生活の日々。そんな時に救われたのが地域のおばあちゃんたちの『おせっかい』。

いろんな方々が私達親子に手を差し伸べて下さったおかげで今まで生きてこられた。

幸せです。いや、何をもって『幸せ』というんだろうね。

私が今の私になれた大きなキッカケは中学校時代のいじめ。同級生による国籍いじめから始まった。担任の先生に相談しても『冗談を言ってるだけ』と云われた。

相手は冗談でも、私にはその冗談が凶器のように心中に突き刺さってた。『いじめ

Sahel Rosa　一九八五年イラン生まれ。舞台『恭しき娼婦』では主演を務め、主演映画『冷たい床』では、ミラノ国際映画祭で最優秀主演女優賞を受賞するなど、俳優として活動の幅を広げている。公私にわたる福祉活動が評価され、二〇二〇年にはアメリカで人権活動家賞も受賞。

を受けてる、自分の居場所がない』とSOSを母には出せずにいた。次第にエスカレートしていき、無視ゲームにサヘル菌というバイキン扱いをされるゲーム等。書ききれないほど、たくさんあってね。それで死のうとした。

幸いにも今、生きていて、あの時に、空にいってしまっていたらねみんなには会えなかったから、『生きててよかった』と思ってる。

なぜ、こんなことまで書いているかというと、人は見かけによらずいろんな経験をして生きている。成功者と言われる人も、社長さん達も、みんな何かを抱えて生きていると私は思うんだ。

そして今これを読んでくれてるアナタにもいろんな事情がある。今、葛藤していること、家族とのこと、自分自身に対しても。

どこかで自分を否定してしまったり、もしくは他者を自分の物差しで見てしまったり。

子どもの時とは違ってぶつかり合うことが減っていくぶん、大人の時は上司にも、先輩にも、同僚にも、家族や友人にも、無意識に『仮面』をつけた付き合いになっていく。

もちろんそれが居心地がいいのなら、問題ないよ。ただ、『違う』と思っていて『苦しい』のなら、ちゃんとＳＯＳを出していいからね。

ＳＯＳを溜めていくことで、いつの間にか感情を押し殺すことになる。『大丈夫』とか『頑張ろう』っと自分に言い聞かせる必要はない。それは魔法の言葉ではないから。

人間は、みんな、アナタも生まれて来てから、今日まで毎日『頑張って』いる。だからそれ以上は追い詰めないでね。

ただですら社会人になると『責任』という重圧も大きくなっていく。失敗を恐れていくことも多くなる。また、人間関係で疲弊することも生じていく。

そう、残念ながら現実世界は『優しくない』。自分たちの想像していたものと、かけ離れていくこともあります。そこで『止める』という選択肢もある。

でも『止める』になれてしまうことは避けてほしい。人生は長いというけれど、時間は短いのが現実です。

人生で重要なのは『あきらめない』こと。達成できることのほうが少ないこともあるよ、でもね、『あ、やっとけばよかった』という後悔よりも、例え目標にたどり着けなくても『行動した』ことに誇りが持てる。

誰かと自分を比較しないこと。

同僚が自分よりも先に前に進んでいくこともありますが、アナタはあなたのペースで突き進んでいいからね。人間一人ひとり、得意分野は異なるのが当たり前だから、他者と自分を比較した生き方をするより、自分自身の音色、個性を大事にしていてね。

アナタは世界で唯一無二の存在だから。

世界で成功した偉人たちも、みんな失敗をしているからね、安心して。

失敗は成功への大事な一歩。

男性とか女性とか、先輩、後輩、上司。そんな肩書きよりも、互いをひとりの『人間』として出会った奇跡を大切にしていてね。

山本　篤

⦿パラ陸上競技選手

「自分はどこまでできるのか」を知りたくて挑戦を続けている。自分の可能性を探るため、新しいことを始めてほしい。

みなさん就職おめでとうございます。私の就職は、二十五歳の時でした。高校を卒業してから三年間専門学校に行き、その後就職が決まっていたにもかかわらず、それを断わり大学に進学をしました。その理由は「今しかできないことをする」ためで、私にとってのそれは「陸上競技」でした。就職すると業務に追われて陸上競技に打ち込む時間をつくることができないと考え、親と相談し大学に進学しました。その甲斐あって大学四年間で一〇〇メートルは一秒、走り幅跳びは一メートル五〇センチ伸ばすことができました。大学卒業後、陸上部のあるスズキに就職しました。

勤務は午後二時までで、その後は練習に時間を当てることができる勤務体系です。大学卒業後も大阪にある大学を練習拠点にしていたため、勤務地は大阪。当時スズキはアスリートが勤務した経験がなく私も会社も手探りの中でやることを見つけていきました。ゴールデン・ウィーク明けは会社に行くことが嫌になるタイミングもありましたが、わからないことは社員のみなさんに聞きながら自分がやるべきことを探っていきました。私だけ時短勤務のため午後二時に勤務が終了し後ろめたい気持ちになることもありました。しかし自分がやるべきことは何かを自分自身に問い、さらに社会人としての自覚から練習へのモチベーションがより一層上がっていきました。

一緒に働いている仲間からの評価が大きく変わるタイミングがありました。それは社会人一年目の二〇〇八年北京パラリンピックでメダルを取った時です。結果を出すことで自分のポジションを獲得した気持ちでした。そして私はここで満足せずさらに記録を向上させたいと考えていました。二〇一〇年からこれまで続けてきた勤務や、退勤後の練習に加え、大学院に行き、記録を伸ばすために自分自身の競技の研究をする決意をしました。当時の生活は朝から昼過ぎまで勤務、夕方練習、夜は大学院で研究をするという毎日でした。なんとか時間をやりくりし大学院も無事修了することができました。この時に学んだことが、「時間は自分で作っていくもの」です。

その後も多くの挑戦は続きます。二〇一二年ロンドンパラリンピックの後にはトライアスロン、二〇一六年リオパラリンピック後にはスノーボード、二〇一七年十月には会社を退職しプロアスリートに転向、二〇二二年はゴルフに挑戦しています。陸上競技でも四〇〇メートル、八〇〇メートル、五〇〇〇メートルの世界記録にチャレンジをし、四〇〇メートル、八〇〇メートルは世界記録を樹立しました。今後も一万メートルやハーフマラソン、フルマラソンもやってみたいなと思っています。

なぜ、私がこんなに挑戦しているのか。それは「自分はどこまでできるのか」を知りたいという好奇心です。挑戦は自分を知り、可能性を探る手段だと思います。みなさんも興味のあることに挑戦して、自分をより良く知っていっていただきたいと思います。みなさんも、ぜひ一つ、新しいことを始めてください。そして、最高に楽しい人生を歩んでいきましょう。

やまもと・あつし　新日本住設所属。高校二年生の時に交通事故により、左足の大腿部を切断。その後、競技用義足に出会い陸上を始める。パラリンピックに夏冬合わせ五回出場し三個のメダルを獲得。東京パラリンピックでは自己ベストを更新し四位入賞。脚を切断してしまった人が再び走れるようになるイベント「ブレードアスリートアカデミー」を主宰し同じ境遇の方々の支援を行なう。

茂山七五三

⦿狂言師

まず自分のおかれた立場を受け入れ、そのなかで何ができるかを考えることが大切です。

江戸時代から続く狂言の家の次男として生まれた私は、大学卒業後、地元の信用金庫に就職しました。狂言は、今日では小学校の国語の教科書に演目が取り上げられたり、テレビなどでも公演が放送されたりと親しまれていますが、一九七〇年ごろは、跡取りである長男以外は、狂言一本では生計を立てられるとは思えない状況でした。そのため信金に勤めながら稽古をし、土日に狂言師として舞台に立つ生活を選択したのです。

当時、週休二日制の企業はほとんどなく、信金も土曜日に営業していました。日曜日も忙しければ出勤です。そのため土日の舞台では、私の演目や役は勤務終了時間を計って配分されていました。

新入社員時代、私は、先輩の言うことをよく聞くことを心がけました。見ているだけではわかりませんし、自分から聞きに行かなければ、だれも教えてはくれません。わからなかったらわかるまで聞く。担当者が不在ならその上司に聞く、自分より年下でも社歴が上の人に聞く。聞くことは、自分を成長させるいちばんのことと考え、たとえ苦手な先輩であっても、それはおくびにも出さず、基本をきっちり習うのです。先輩の言うことを真摯に受けとめ、実行する。そしてできたら報告し、間違っていたら訂正する、この繰り返しで社会人としての基礎を学びました。

これは狂言における「自ら請わないと教えてもらえない」こと、茂山狂言の考えである「和む」ことに通じていました。和むとは「和を以って尊しと為す」、周囲や仲間と和やかにものごとを進めるという考え方です。

勤務先は狂言に理解があり、いろいろと配慮してくれましたが、業務では一円のミスも許されません。企業人として忙しい日々を送る一方で、狂言では年を追うごとにむずかしい役を与えられます。舞台では、少しでも不安があると声や動きに表

しげやま・しめ　一九四七年生まれ。本名・眞吾。四世茂山千作の次男。四歳の時に「業平餅」で初舞台。九五年に二世七五三襲名。日本の伝統芸能である狂言を海外に紹介する活動にも積極的に参加。指導者としても活躍し、「名張子ども狂言の会」など幅広い世代に指導するほか、海外への普及にも努め、チェコでは二十年近く指導している。

れ、身内にはすぐ見破られますので、稽古は欠かせません。仕事を終えて帰宅後、祖父や父のもとに教えを請いに通い、精進に励みました。

いまは、狂言の舞台に立つとともに、その普及に努めています。狂言を「現代をいきいきと生きている芸能」としてお客さまに気軽に親しんでもらえることを常に考えています。伝統芸能だからと、かたくなに何も変えず、箱の中に納めていてはいけないのです。狂言独特の動きやことばのリズムといった基本は守り、その一方で、ことばを現代風にわかりやすくしたり、それにあわせて動きもアレンジしたりするなど、許されるところは変える。基本をしっかり持つ一方で、変化を厭わないこと。これはどの職業にも共通する考えだと思います。

会社勤務と伝統芸能という異なる世界に身を置き、両立には厳しい場面も数々ありましたが、そのときの経験から、京に根づいた茂山の名の大きさ、狂言を愛する人々の多いことにあらためて気づくとともに、狂言を俯瞰的に、冷静な目でみることができるようになりました。むずかしい局面に立たされたときも、まず自分のおかれた立場を受け入れ、そのなかで何ができるかを考えることがとても大切だと思います。

ウェイウェイ・ウー

◉二胡奏者

常に「感謝の気持ち」を持ち、目標をつかむために努力する。

みなさんは「二胡」という楽器をご存じですか。この本を手にとった新入社員の人たちで、二胡を実際に見たことのある人はおそらく一割に満たないのではないでしょうか。二胡は千五百年くらい前に中央アジア（現在のウズベキスタンのあたり）で生まれ、シルクロードを通って、東の中国に渡った民族楽器です。西に渡ったのはヴァイオリンと言われています。二胡が「チャイニーズ・ヴァイオリン」と言われるのもうなずけます。私が日本に来た一九九一年、実は私は日本のことを少しも分かっていませんでした。単純に、中国だけしか知らないまま一生を終えたくなくて、いつかはアメリカに行きたいと思い、その前にまずは日本へ。その理由は、日本から十年以上遅れて放送された、山口百恵さんのドラマや姿三四郎のドラマに憧れて、日本に来ました。

私は、日本で「二胡奏者」として活動していますが、二胡奏者として活動したくて日本に来たわけではありません。当初は、ヴァイオリン奏者になろうと思っていたし、日中友好もまったく考えていませんでした。でも、今は「二胡」という「中国の民族楽器」を「自分を表現する」ための「パートナー」としてこよなく愛し、白紙のキャンバスのように感じて、自由に自分の大切な思いを描いて表現していま す。あるラジオ番組に出演した時に、「日本人の七割は中国が嫌い」と言われたことがあります。その時に、私はこう答えました。「そうなのですか？　幸いにも、私の周りにいるのは、残りの三割の方たちばかりです」。

前置きが長くなってしまいましたが、なぜこんなことを書いたかというと、若い時に、将来の夢や希望、目標を設定してそれに向かって努力することはとても大切だと思っています。でも、その夢は必ずしも実現しないことも多いし、挫折することも多いでしょう。私もそんな挫折を何度も繰り返し、今も、毎日のように落ち込

巫謝慧　中国上海生まれ。五歳からヴァイオリンを始める。上海戯曲学校で二胡とヴァイオリンを専攻、一九九一年に来日。古来中国から伝わる二胡を通じてさまざまなジャンルのミュージシャンとコラボレーションを精力的に行なう。ロック、ジャズ、フュージョンとの共演を可能にした、現代二胡のパイオニア的存在。

んだり、泣きたい思いの日々です。逆に、「目標」は変化を続け、新しいことを受け入れることで、どんどん新しい「目標」が生まれてきます。「知らない」ことを「知りたい」と「好奇心」を持って、逆に「知らない」人には一生懸命教えれば良い。日々変化していく日常や気持ち。その都度いろいろなことがあるけれど、細かく気にせず、「大陸的」な気持ちで受け止めることが大切だと思います。

そこで、「うまくいかなくて落ち込んだ時の対処法」をご紹介します。それは、常に「感謝の気持ち」を持つことだと思っています。自分の短所を指摘された時は「ありがとう」。結果を求めるのではなく、目標をつかむために努力する。「感謝の気持ち」を大切に、「出会い」を大切に、「別れ」を大切に。すると結果は自然についてくる。そう思って毎日を過ごすと、実はすごく楽なんですよ。「結果」を気にすることなく、「努力」すれば良いのだから、うまくいかない「結果」でも「満足」できます。その「満足」を自分の自信に変えてさらに「努力」すると、少しずつ「結果」が付いてきます。そして「ありがとう」って思うんです。

私の主宰する二胡教室には現在二百人以上の方が通ってくれています。二十年くらい前にあるステージで演奏した後に一人の日本人の方が訪ねてきて、「二胡を教えてください」と言われました。二胡の演奏をしたり、教えるために来日したわけではない私は、本当に驚きました。でも、最初はとても単純に「日本の人が『中国の伝統楽器の二胡』を習いたい」というのがとてもうれしくて、まだ今のようにうまくは話せない日本語で、一生懸命教えていたら、本当に「いつの間にか」二百人を超えたという感覚です。ただ、うれしくて、「私の愛する二胡を同じように好きになってくれてありがとう！」という気持ちで生徒と接してきました。それが、良かったのだと思っています。

私は、来日して二十七年がいつの間にか経ちました。今では、味噌汁を飲むとほっとするほど、日本人の感覚になっていると自覚しています。本当に日本に来て良かったと思っています。少しの勇気を奮って、無謀にも日本に一人で来て、おかげで今の自分の音楽のスタイルができ上がりました。毎年多くのコンサート会場で、そしてCDを創るたびに、感謝の気持ちでいっぱいになります。

「感謝の気持ち」。これだけで、すべてのことが前に向いていくと思います。

ぜひ、試してみてください。

本川達雄

⦿東京工業大学名誉教授

「大企業」はよいことばかりのように思えますが、はたしてそうでしょうか？

ご就職、おめでとうございます。大企業に入社された方々は、自信と希望にあふれておられると思います。いいですね。規模の小さい企業に就職された方々。しかたがないやと、めでたさも、ちょっぴり小さ目になってはいませんか。

大きいということは見た目にも立派で、力強く、安定していて、どう考えても良いことばかりのように思えます。はたしてそうでしょうか？　動物学から、この点について考えてみましょう。

動物のサイズ（体の大きさ）とエネルギー消費量との関係を調べると、大きいものは、体の割にはエネルギーを使いません。たとえば、ゾウはハツカネズミの十万倍も体重がありますが、エネルギーは五千六百倍しか使わないのです。だから、体重あたりで比べると、ゾウはネズミの、たった五・六％しかエネルギーを使いません。

この関係は、細胞一個あたりのエネルギー消費量で比べてみても同じことです。ゾウの細胞はネズミの細胞に比べて、やっぱり五・六％しかエネルギーを使いません。何をするにもエネルギーが必要ですから、エネルギーを使わないということは、働いていないということです。ゾウの細胞はずいぶんとサボッているわけですね。

「大きい組織の構成員はサボッている」

これは企業であれ国家であれ、成り立つ関係のような気がします。

なぜゾウの細胞はあまり働かないのかの説明に、こういうものがあります。大きい動物は体重の割には、表面積が小さいのです。これは単純な幾何学の問題です。体重あたりの表面積は、辺の長さに反比例して小さくなります。

働けば必ず熱が出ます。熱は体の表面から逃げていきますが、体の大きいものは、体の割には表面積が小さいので、体内に熱がこもりがちです。もしゾウの細胞がネズミの細胞ほど一所懸命働いたら、熱がこもって体温がどんどん上がり、百度を越えてしまいます。つまり、自分の出す熱でステーキになってしまうわけですね。これではこまります。ゾウの細胞はサボッているわけではなく、節度をもって働かないようにしているのだ、というわけです。

大きければあまり働かなくてもいい、いや、働いてはいけない。この事実を、いいな、ととらえるか、いやだなぁ、と思うかは、好みの問題でしょう。

私は沖縄の小さな島の小さな研究所で、長いこと仕事をしていました。小さいところでは、何でも自分でやらなければなりません。これは大変だけれど、人生がとっても楽しくなりますね。自分には、こんな才能もあったのか！　と、やってみて初めて気付くことが、いろいろありました。自分で歌をつくることなど、島でなかったら、やらなかったと思います。自分の思うように精いっぱい働ける、そしてやったことは、すぐに自分自身に返ってくる。私はこういうのが好きですね。

動物の進化に関して、こんなことが知られています。新しい系統は、サイズの小さな種から出発することが多いのです。たとえば、わたしたち霊長類の祖先も、ネズミほどの大きさのものでした。

もとかわ・たつお　一九四八年生まれ。東京大学理学部生物学科卒業。琉球大学助教授を経て二〇一四年まで東京工業大学教授。著書「ウニはすごいバッタもすごい」「ゾウの時間ネズミの時間」「歌う生物学」ほか。

なぜ小さいものが、新しい系統の祖先となるのでしょうか？　その理由は、小さいものほど、一世代が短いからです。サイズの小さいものは、すぐに大人になって子供を産みます。新しい種は突然変異によって生まれ出るのですが、世代がどんどん変わるものほど、突然変異が起こる確率は高いので、小さいものほど、新しい種をつくりだし、新しい系統の祖先となりやすいのです。

これも、なんとなく企業にあてはまりそうですね。イノベーションは小さなベンチャー企業から生まれてきます。大きければ安定していますが、安定とは変わらないことであり、停滞と言ってもいいわけでしょう。

動物においては、時間の進み方が体のサイズによって変わり、小さいものほど時間が速く進みます。小さいものは、心臓も肺もはやく動くし、はやく大人になり、はやく子供を産んで、そしてはやく死にます。

小さいものほど、体の割にエネルギーをたくさん使いましたね。だからエネルギーをたくさん使って、全力で一生を駆け抜けるように生きています。小さいことは、よりアクティブで素晴らしいことなのです。

山田五郎

◉編集者／評論家

ただ探しているだけでは、「やりたい仕事」には一生、出会えない。

せっかく入った会社をすぐに辞めてしまう若者が増えている。多くの場合、「やりたい仕事ではなかった」という理由で。

〝豊かさの中での不況〟が続く中で終身雇用制が揺らぎ、組織内での評価よりも個人的な自己実現が求められるようになったからだと、分析する人もいる。だが、一中間管理職として新入社員と接してきた経験からいうと、時代の変化を正しく認識し、真剣に自己実現を考えている人は、そう簡単には辞めないものだ。すぐに辞めてしまう人のほとんどは、実は自分が何をやりたいのかもわかっていない。だから嫌なことや辛いことを乗り越える意味を見出せず、ちょっとした理由で仕事そのものを放り投げてしまえるのだ。

理想のマドンナや白馬の王子を夢見る思春期の少年少女のように、努力しなくても夢をかなえてくれる仕事がどこかにあって、それを見つけさえすれば幸せになれると信じたい気持ちは理解できる。嫌な仕事を我慢する努力より、我慢しないですむ仕事を見つける努力の方がポジティブだという理屈も、わからなくはない。だが、心を鬼にして言わせてもらえば、そんな仕事は現実には存在しないし、あり得ないものを探しまわるほどネガティブな努力はない。

どんなに理想の相手でも、実際に付き合ってみれば嫌な部分も当然、出てくる。だからといってそのたびに相手を変えていたら、結局は何も得られないままだろう。嫌いな食べ物が出てくるたびに皿ごと取り替えていたら、いつまでたっても味覚は成長しない。苦しみや幸せで満腹になることもなく、漠然とした飢餓感だけが高まって行く。事実、最初に勤めた会社をすぐに辞めてしまった人は、しばしば同じことを繰り返すが、キャリア・アップにはつながらず、仕事を変えるたびに逆に不満をつのらせて行くことが少なくない。

やまだ・ごろう　一九五八年生まれ。上智大学卒業後、講談社入社。「ホットドッグ・プレス」編集長、総合編纂局担当部長を経て現在フリーに。雑誌やTVで評論家として活動。著書「知識ゼロからの西洋絵画入門」「機械式時計大全」ほか。

その会社に入ったということは、何らかの縁があったということだ。どうしてもやりたくない仕事なら最初から選ばないだろうし、全く向いていないと思う人材を採用する企業もない。だったら少しは腰を据えて、付き合ってみても損はない。単なる成り行きで付き合っていた相手が、何かのきっかけで急に輝いて見えはじめ、「この人しかいない」と思えるようになるのも、よくある話。人間の理想なんて、その時々でコロコロ変わる。あてにならない理想を追い求めるより、今目の前にある仕事を「やりたい仕事」に変える努力の方が、よほど現実的でポジティブだ。

石の上にも三年というが、今は世の中のスピードが早くなっているから、一年でいい。他の可能性は考えず、自分には今の仕事しかないと思い込んで、全力で取り組んでみてほしい。一年後には、仕事というものに対する考え方自体が、驚くほど変わっているだろう。万一、本当にその仕事が向いていないと気付く結果になったとしても、自分が何をやりたいのかが、一年前とは比べものにならないほど具体的にわかっているに違いない。どんな仕事でも、真正面から取り組めば、少なくとも最初の一年は、絶対に無駄にはならないと保証する。

青木奈緒

◉エッセイスト

たとえ希望どおりいかなくても、落胆することはない。長い人生では必ず、辻褄があうようになっている。

大学を卒業し、社会人として一歩を踏み出す二十三歳の頃。いま、その頃の自分を思い出すと、いかに子どもだったかが身にしみてわかる。曾祖父である幸田露伴が代表作といわれる「五重塔」を書いたのは二十四歳である。どうしてあんな作品がその年齢で書けるのか。とても尋常とは思えない。当時は、なにも露伴だけが特別ではなく、だれもが同じようにその年頃には大人として成熟していた。

しかし曾祖父が生きた時代といまの時代のどちらかを選べるとすれば、私は絶対、いまを選ぶ。曾祖父が生きた時代の平均寿命と今日では十年以上の違いがある。だから大人になるにも十年くらいの遅れがある。そう考えると、世の中はうまくできている。ゆっくり大人になってもかまわない。それはけっして悪いことではない。ゆっくりと大人になっていけるいまの時代は、昔に比べて選択肢が格段に広がっている。だから若い人にはまず、そのことのよさをわかって、自分が本当にやりたいことを考えて進んでもらいたいと思う。

私は大学卒業後、大学院に進み、その後オーストリアに留学したが、大学を卒業した時には就職の試験を受けている。大学でドイツ文学を学んだため、できれば好きなドイツ語を活かせるところに仕事を持ちたいという願いをもっていた。唯一、希望に沿う会社をみつけて応募したものの、採用されなかった。

当時は、大学を卒業するとみんな一斉に就職した。わりあい簡単に就職できる時代だったが、私は、就職試験に落ちて行くあてがなかった。拾ってくれる先生がいて大学院に行くことになったが、それは自分の希望とは少し違うものに思えた。

就職していた友だちが時々、みんなで集まる。そんな時、大学院に残った私にみんなは「学生さんはいいわね」という。それまで同じ学生だったのに、卒業して就職した途端、そんな言葉が出てくる。社会人とはこういうものか。私は、すごいコ

あおき・なお　一九六三年生まれ。学習院大学ドイツ文学科卒業、同大学院修士課程修了。オーストリア政府奨学金でウィーン留学。ドイツで通訳・翻訳に従事。九八年帰国。著書「幸田家のことば」「オーライ ウトーリ ひなた猫」ほか。

ンプレックスをもち、アウトサイダーになったと思った。働いてその対価を報酬としてもらえることがとても羨ましかった。

大学院に行っても、ここは自分のいるところではないという思いが募った。日本の大学院は、先生になるためのところで、それは私のやりたいことではない。ドイツ語を使ってなんとか仕事がしたい。さてどうしようと思った時に、自分がそれまであまりに狭い世界で生きていたことに気づき、海外留学を志した。

オーストリアには奨学金を得て留学した。自費留学はしたくなかった。両親に頼めばあるいは学費くらいは出してくれたかもしれない。けれど留学するにも試験を受け、奨学生という資格がほしかった。その後は、ドイツで翻訳をしながらなんとか日銭を稼いで、自分の手で生活を立てた。

振り返れば、私は非常に幸せな立場にいたと思う。会社勤めはだめとなった時にどうすべきかを考えることができたし、大学院へ行かせてもらって、またそれを考えるゆとりがあり、結局ドイツで翻訳を何とかやっていく時間を与えられた。

しかし苦労がなかったとはいえない。それまでは本当に役立たずで、安穏な生活をしていたごく普通の女の子が、いきなり遠い異国に一人で飛んでいくのは大変だった。いまでは考えられないが、飛行機は香港経由の南回りで二十数時間もかかった。空港に着いて、その先はどうすればいいのだろう。電車に乗るのか、バスに乗るのか。その乗り場はどこなのだろう。留学先の大学までどうやっていけばよいのだろう。皆目わからない中でのスタートだった。

しかしここまできたら、ともかく飛び込むしかない。水の深さも冷たさもわからないけれど、いまここはざぶんと飛び込むしかない。どちらの方向に泳げばいいのかさえ見当がつかない。飛び込んで、とりあえず頭を上げ、無我夢中で手足を動かして泳ぎ出すしかない。それが初めて留学した時の率直な思いだった。

どんなに不安があっても、実際は飛び込んでしまえば、なんとかなっていく。けっして楽ではなくても、自分が本当に選んだ道なら、前へ前へと泳いでいける。そしてどの道を行っても、その先は進んでみない限りわからない。だからたとえ就職できなくても、たとえ希望の部署に配属されなくても、それは悪いことではない。その時は落胆したり、挫折感を味わったりするかもしれないが、長い一生で振り返れば必ず、辻褄があうようになっているものだ。新社会人のみなさんには、それぞれの道の中で、何かよいことが必ずあると信じて先に進んでほしいと思う。

西垣　通

◉情報学者／東京大学名誉教授

志をたてたら、迷ってはいけない。逆風でもしばし待て。やがて順風が吹いてくる。

これから社会人として生きていく——そういうみなさんは、胸のなかにいろいろな抱負や目標をもっているでしょう。

もっとも中には、「いや自分にはそんなものはない、成り行きでたまたま入社試験に受かったから、この会社に入っただけだ」という人もいるかもしれない。

そんな人たちでも、少し仕事をしていると、「今月はこの技術を身につけよう」とか「来週はこの企画を通してやるぞ」とか、どんなに小さくても具体的な目標が見えてきます。それでいいのです。人生の大目標というものは、実は身近な小さい

にしがき・とおる　一九四八年生まれ。東京大学工学部卒業。工学博士。日立製作所、明治大学教授、東京大学教授を経て、二〇一三年より現職。著書「マルチメディア」「ＩＴ革命」「こころの情報学」「１４９２年のマリア」ほか。

目標をクリアしていく積み重ねの中から見えてくるのですから。

ところが、せっかく具体的な抱負や目標をたてて頑張っていても、うまく行くとはかぎりません。いや、ほとんどの場合、うまく行かないものなのです。

理由はさまざまです。自分の力量や努力が足りないならまだいい。周囲がぜんぜん協力してくれなかったり、誤解されてかえって足をひっぱられることも少なくありません。そうすると誰でもがっかりします。落ち込んで、「ああ、厭だ。自分はこんなに頑張っているのに、もうやめよう」という気分になる。

しかし、そこで簡単に方向転換してはいけない。絶対にいけません。

というのは、世の中の風はランダムに吹いてくるからです。順風の日もあれば、ひどい逆風が吹いてくることもあります。その吹きかたは、みなさんの意思とはほとんど無関係です。つまり、みなさん一人一人がどんな目標をもっていようと、世の中は勝手に動いているのです。だからいくら努力してもズルズル後退することもあるけれど、逆に何もしなくてもスイスイ前に進むこともある。

ところが、人間というものはとかく自分中心です。順風に乗って調子よく進んでいるときはいいのですが、逆風が吹いてくると「ああ、もう自分には才能がない。

こんな仕事は向いてない」と思いがちです。とくに若いときはそう考える。そしてすぐに一八〇度方向を変え、新しい目標に向かおうとします。

これではアクセルとブレーキを一緒に踏んでいるようなものですね。うまく行くはずはない。そんなことを幾度も繰り返していると、やがて「何もやってもダメだ」という無気力状態におちいってしまうのです……。そうして才能を浪費してしまった人は数しれません。

僕は小さい頃、文学や物理学が好きでした。それで、文理融合の、学際的な学問をやりたいとぼんやり思っていました。理系の学問は若いうちでないと修められないので、まず応用物理を勉強し、コンピュータ・エンジニアになりました。メーカーに就職して、ソフトウエアの研究開発に従事したのです。

この道はなかなか苦しくもあり、おもしろくもありました。ようやく一人前の研究者となった頃には、もう三十代半ばを過ぎていました。だがどうしても、文理融合の学問をしたいという望みを捨て切れない。情報社会や、その中の人間というものを、根本から考えたくなったのです。それで大学に転職し、哲学や社会学などを自分で基本から学び直そうと決心しました。

周囲の人たちは驚き、呆れました。無謀すぎると、真剣に心配してくれた人もいます。知ってのとおり、文理をへだてる壁はとても厚い。当時は、学際的な「情報学」という分野すら、存在しなかったのです。

けれども僕は少年の頃の夢に向かって進みました。はじめはなかなか理解してもらえませんでしたが、やがて、パソコンやインターネットが普及し、情報社会を文と理の両面からとらえる必要性を社会が認めるようになっていきました。いまではいくつもの大学で、文理融合の情報学を学生たちが勉強していきます。このように、誇大妄想的な夢想すら、順風に乗って実現するときもあるのです。

ただし思い返すと、僕は成功したというより、むしろ失敗続きだったような気がしてなりません。いまでも小さな挫折の連続です。近ごろは抽象的議論だけでは物足りなくなって、より深く人間をとらえるために小説も書き始めましたが、この道もたいそう険しい……。経験からいうと、順風より逆風のほうがちょっと多かったでしょうか。人間は逆風を強く感じるのかもしれません。

でも、それでいいじゃありませんか——。いったん志をたてたら、迷わないこと。みなさん、それが幸福への道なのです。

伊丹敬之

◉国際大学学長／一橋大学名誉教授

人は考え続けることの大きさ、深さに応じて育つ。三段階くらいは「なぜ」「それで」と論を進めてほしい。

毎年、私のゼミから卒業生が巣立っていく。彼らを私は卒業式の当日の朝、式の直前に集める。伊丹ゼミとしての卒業式をするためである。彼らには、私の書いた本を、彼らの名前と私のサイン、そして私が彼らに贈る言葉を裏表紙に書き入れて、渡している。その言葉は、このところ毎年同じ言葉にしている。

「大きく、深く、考える」

このメッセージのほかに、さらに二つのメッセージを伝えるのが恒例である。それが、私の「贈る言葉」である。

ひとつは、「卒業後三年で一度、自分の進路をゼロベースで考え直してみる」。もうひとつは、「一橋の卒業証書に寄りかかるようなぶざまな人生は送らない」。

最初の二つのメッセージを、この本の読者である新入社員諸君にも贈りたい。そして、私の意図を少し解説しよう。

私は大学を、「ものの考え方」を学ぶ場所、と思っている。知識を仕入れるだけなら、書物を読めばよい。しかし、ものをどう考えるべきか、どのような思考と論理のあり方が、ものごとの本質に迫ることを容易にしてくれるかを学ぶには、実際にものを考えている人たちのそばで彼らの考え方の息吹を感じながら「真似る、そして学ぶ」ことが、もっとも大切な一歩だと私は思う。そのために、大学の四年間が意味がある。

そこで学んだはずの「考え方」を使って、社会に出た後の仕事の場でも、「大きく、深く、考えて」ほしい。「大きく」とは、歴史の大きな流れのなかで、あるいは、世界地図の大きな構図のなかで、さらには錯綜する関連状況の全体の中など、さまざまな意味で「大きく」である。「深く」とは、論理のステップを二歩三歩と掘り下げてという意味である。表面的な説明に満足せず、いったい何が本当の原因なの

いたみ・ひろゆき　一九四五年生まれ。六七年一橋大学商学部卒業、同大学院商学研究科修士課程修了。カーネギー・メロン大学博士号取得。スタンフォード大学客員准教授、一橋大学教授、二〇〇〇年一橋大学大学院教授等を経て、一七年より現職。著書「人本主義企業」「日本型コーポレートガバナンス」『難題が飛び込む男　土光敏夫」など多数。

か、こうした行動をとるとその影響はどのように出ていくか、せめて三段階くらいは「なぜ」「それで」と論を進めてほしい。

なぜ、「大きく、深く、考える」ことが大切なのか。

第一の理由は、それが自分の仕事を的確に進めるための必須の条件だからである。もちろん、あまり考えなくとも、当面のしのぎの仕事はできるだろう。しかし、それではつまらないではないか。本当は何をなすべきかをきちんと考えるほうが、仕事の内容も充実する。周りの人も納得する。自分の満足も多いだろう。

第二の理由は、そうして考え続ける人だけが、自分の器を大きくしていけるからである。社会に出ても、自分を教育していく責任は自分にある。そのためには、育つための機会、刺激を自分でつくる必要がある。その機会と刺激を、考えることが与えてくれるだろう。考えることの対象は、もちろん仕事に関連したことだけでないほうがいい。思考の対象の広さも当然、人間の器を大きくするひとつの条件である。しかし、広さだけでなく、大きさ、深さがどうしても必要である。人は、考え続けることの大きさ、深さに応じて、それなりに育つものである。それなりにしか、育たないものでもある。

第二のメッセージ、「卒業三年後にゼロベースで考える」という言葉の意味は、三年後にあたかも新たに就職活動をするようなつもりで「自分はいまならこの会社を選ぶだろうか」という思考実験をしてみよ、ということである。答えがかなり簡単にノーであれば、案外転職を考える必要があるのかもしれない。

学生から新卒として就職先選びをするのは、五里霧中に近い森のなかで登るべき木を選ぶのに似ている。自分一人の視野では、広くは見られないし、詳しくも知りようがない。自分の側に知識を探り、探索を進めるだけのベースがないからである。だから、目につきやすい木を目がけて、たまたま走ってみる。あるいは、何かの縁で（たとえば先輩）でたまたまぶつかった相手に早い段階で限定してしまう。つまりは、木の選び方としては偏りと浅さがあって当然なのである。そうして選んだ木が、一生登り続けてもいいような木になっている確率は、案外低い。もちろん、他の木に変えたところで大同小異であることも多いので、その確率の低さも気にならないのかもしれない。

しかし、最初の就職先選びが十分に根拠のあるものであったという錯覚はもたないほうがいい。正直に、「たまたま出会っただけ」と考えて、あらためて三年の経験の後に、ゼロベースで考えれば、より自分の適性に合っている確率が高い会社選びができるであろう。

私は転職のすすめをいっているのではない。思考実験のすすめをいっているのである。実際の転職はさまざまにコストも負担もかかるものである。あまり気軽にしないほうが、たぶんいいだろう。しかし、思考実験はただでできるのである。

ゼロベースで考える時期が三年後というのも意味がある。一年では、実はよほど最初の選択が間違っていた場合を除いて、真剣に考えるための知識ベースの蓄積期間としては短い。しかし五年後では、組織のなかに染まりすぎたり既得権益に縛られはじめていて、自由な思考実験にはなりにくい。だから三年後になる。それに新卒後、三年程度なら労働市場でもまだまだかなり新卒に近い形で就職活動ができる年齢であろう。

岸本葉子

⦿エッセイスト

社会は不合理なことや雑事で成り立っている。いったんその社会にどっぷりひたってみよう。

大学を卒業してすぐ、生命保険会社に就職した。入社式は、四月一日、本社の講堂において行なわれた。

生命保険はもともと、相互扶助のしくみ。社長訓話も、そのことがいかに大切かを説くものだった。餓鬼道に堕ちた人の話だったかどうか、詳細は忘れたが、腹をすかせた人々が、食べ物と箸を与えられる。ところが箸は腕より長く、われ先に食べ物をはさんで自分に向けても、どうしても口に運ぶことができない。

「そこで彼らはどうしたと、皆さんは思いますか」

となりにいる人と、たがいに食べさせ合うことに気がついた。これすなわち、助け合いの精神である、と。

「別にただ箸を短く持てばいいだけの話じゃないの？」

ぞろぞろと講堂を出てから、新入社員のひとりがぼそっとつぶやき、周囲が思わず吹き出したが、式の最中に言わなかっただけでもマシだった。学生時代とは一線を画して、思いついたままを口に出さない分別を持つのが、社会人としての第一歩と言うべきだろう。

入社式を終えるとそのまま研修センターに移動して、三週間にわたる研修を受ける。男子九十八名、女子二名の幹部候補生のひとりとして、心構えや基礎知識をみっちりと叩き込まれる。生命保険の歴史から、契約に関する法律、経済と資産運用、保険数理……。

三週間後、配属された先は、人事部教育課。その日が、社会人生活の実質的なスタートだった。

一日め、先輩の女子社員に命ぜられる。

「ハンバコ、出して」

ハンバコとは何ぞや？

事務仕事に判はつきもの。ハンバコ、すなわち印鑑をおさめた箱が、われわれの課のロッカーに保管してあり、それを取ってこないことには、一日がはじまらないらしい。

しかししかし、人事部のフロアーには、同じ型のロッカーが何本も並んでいる。

「すみません、教育課のはどれですか」

「それそれ、違う、入口から数えて三つめだって」

研修でひととおりのことを詰め込んできたつもりでも、いざ配属されると、文字どおり右も左もわからない新入社員であることを実感した。

ヨウドの請求というのも、新入社員の責務であった。ボールペン、消しゴムなどの文具が尽きると、課長印を受けた上で、総務部庶務課用度係にもらいにいく。そこには、「用度の番をし三十年」といった感じのベテランの女係長がいて、

「教育課は、二週間前にも消しゴムを請求していますね。どうしてそんなに早くなくなるんですか？」

とねちねちと小言を言う。そこをなんとかとお願いし、指示どおりのものをいか

きしもと・ようこ　一九六一年生まれ。東京大学教養学部卒業。生命保険会社勤務を経て中国北京外国語学院に留学。著書「エッセイの書き方」「岸本葉子の「俳句の学び方」」「モヤモヤするけどスッキリ暮らす」ほか。

にゲットしてくるかが、能力の試されどころであった。下げたくない頭も下げる。新入社員がまず心得なければならぬことなのだ。

消しゴムひとつで、課長係長レベルまで巻き込み、がたがたするなんて、学生時代には想像だにしなかったことだ。

「でも」と考える。よくも悪しくも、それが会社、もっと言えば、それが社会なのだろう。不合理なこと、非効率的なことをひっくるめ、さまざまな雑事で成り立っている。その中で生きていくには、研修で習ったことは「すべて忘れて」と言わないまでも、いったんは頭を切り替えて、そうした日常にどっぷりとひたってみることが必要なのだ。

私の会社員生活は二年ちょっとしか続かず、幹部候補生としては完全に落ちこぼれなので、

「あのときの経験から、こんなに得るところがありました」

のようなえらそうなことは言えない。

けれども組織に属し、そこでの取り決めごとに従う二年間は、以上書いてきたように、頭でっかちの自分を修正するターニングポイントになった。

人生のキーワード

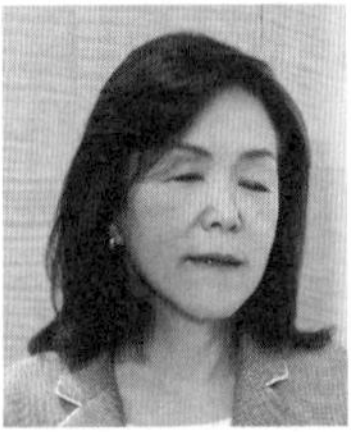

浅川智恵子

◉日本アイ・ビー・エム フェロー／日本科学未来館館長

あきらめなければ、道は拓ける。不可能は可能になる。社内外に共感し合える仲間を積極的に持ってほしい。

私のキャリアは「自分には何ができるのか」を自らに問いかけ挑戦する、その繰り返しでした。小学生の時のプールでのけががもとで、十四歳で失明しました。当時は視覚障害者が就ける職業は限られていて、自分の将来にどのような可能性があるのかまったくわからない状況でした。ただ、「目が見えなくても夢を持って生きていきたい」「自分にしかできない仕事を探していきたい」と強く思っていました。そんな気持ちが引き寄せたのか、当時最先端だった大型計算機のプログラミングに挑戦する機会に恵まれました。一九八五年に日本ＩＢＭ東京基礎研究所に入社し、

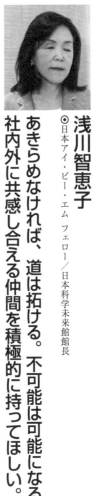

あさかわ・ちえこ　一九八五年に日本アイ・ビー・エム東京基礎研究所入社。以降、三十五年以上にわたりアクセシビリティ技術の研究開発に携わり、世界の視覚障害者の情報アクセシビリティの向上に貢献。二〇〇九年、日本IBMでは史上三人目のIBMフェローに就任。二〇一三年紫綬褒章受章。二〇一九年全米発明家殿堂入り。

アクセシビリティ技術の研究開発に携わることになりました。研究のゴールは、視覚障害者がアクセスできる情報源の拡大、視覚障害者の教育環境の改善、そして職種の多様化です。入社当時は、初めての全盲の研究者であり、数少ない女性研究者の一人でもありました。ロールモデルといえる存在は日本にはおらず、キャリアパスを思い描くことも五里霧中でした。ただ、音声合成や音声認識、人工知能など多くの最先端の研究者に囲まれてキャリアをスタートできたこと、また、技術を活用した障害者支援の可能性に大きな想像を膨らませられたことは、貴重な体験でした。

　次の転機は、博士号を取得したことです。二〇〇〇年ごろまでには、デジタル点字技術や、世界初の実用的な音声ウェブブラウザの開発に成功し、研究者としての立場を確立できましたが、こうした技術開発を通して、「視覚情報に頼ることができない視覚障害者が、どれだけの情報を理解できるのか」という、その認知能力の基礎的な研究が必要だと感じるようになりました。そこで、これをテーマに、研究者として生きていくための基本的な資格ともいえる博士号取得に挑戦することにしました。社会人博士課程に入学してから博士号を取得するまでの三年間は、仕事と学業を両立させる厳しい日々が続き「仕事が終わったあと、平日は夜九時から明け方まで、週末は一日中研究すれば何とかなる」とよく冗談を言っていました。それが、あながち嘘とも言えないような生活でしたが、自分では不可能だと思っていた博士号の取得をきっかけとして自分のキャリアを真剣に考えることができるようになり、二〇〇九年にはＩＢＭの技術者の最高職位であるＩＢＭフェローに任命されました。

二〇二一年四月からは日本科学未来館（以下、「未来館」）の館長を兼任することになりました。常々、「発明と社会実装は分けることができない車の両輪」と考えてきましたが、それは、研究開発した新しい技術は、多くの人が試すことで磨かれ、製品化され、だれでも使えるようにならなければ、実際に人々の生活を変えることはできないからです。未来館には、たくさんの来館者がいらっしゃいます。みなさんに研究開発中の新しいテクノロジーを体験してもらい、研究者と対話をしたり、フィードバックをしたりしていただく。そんな「未来をつくる実験場」にしていきたいと思っています。それまでの研究開発を行なう立場から、研究と社会をつなぐ役割も兼務することになったわけです。いまも未来館に対する期待をひしひしと感じながら、新たな展示やイベントを企画しているところです。

こうした経験を通して私が持ち続けてきたモットーは「あきらめなければ、道は拓ける。不可能は可能になる」です。最初から、自信があって挑戦を始めるわけではもちろんありません。前向きに取り組む姿勢を持ち続けることで、乗り越えてきました。キャリアを変えるような挑戦をする時はだれでも不安いっぱいなものです。あきらめずに追求し続けると不思議とさまざまな道が拓けました。挑戦するのは自分自身ですが、仲間やマネージメントのサポートなしには乗り越えられませんでした。私のキャリアでは常に、研究のゴールに向かって共に進む仲間がいました。サポートしてくれるマネージメントがいて、対話ができるメンターやロールモデルにも最終的には恵まれました。社内だけでなく、社外においても共感し合える仲間を積極的に持ち、ゴールに向かうモチベーションを維持する機会を意識的に持つことも大切です。自分の考えや計画が受け入れられない時もあります。周りの意見に柔軟に対処し、回り道だと思えることでも受け入れることが、時には必要です。立ち止まって計画の見直しをした経験は何度もあります。周囲の理解を得ることが、最終的に社会の理解を得る道につながると私は信じています。

これからの長い人生、自分にしかできない何かを見つけて、どうかあきらめずに挑戦して、みなさんの道を拓いていってください。

中島誠之助

◉古美術鑑定家

よき家庭人はよき会社員であり、よき会社員はよき社会人になりえます。

私は会社勤めをした経験がありません。それは商人の家系に生まれたからだということではなく、大学を卒業してすぐ遠洋マグロ漁船に乗り組んでインド洋航海をしたからです。それは若者たちが気軽に海外へ出られなかった当時、無性に外国の風物を見聞したくなり、やむにやまれぬ思いから飛び出したのでした。帰国後、よそに修業に出されることもなく、そのまま家業の古美術商を手伝うようになり、気がついたときには三十歳で小さな商店主に納まっていたのです。

ですからすべての責任を自分で背負う代償として、思いのままに仕事を切り回す

なかじま・せいのすけ
一九三八年生まれ。日本大学卒業。「骨董屋からくさ」店主を経て現在、古美術鑑定家、エッセイスト、タレント。東京・青山の「骨董通り」の名付け親。著書「ニセモノ師たち」ほか。

ことができました。来た道を振り返ってみると、よくつぶれもせず誤りもしないでここまでやってこられたと感慨よりも先に不思議な気がするくらいです。

それは一九六〇年代から七〇年代に向かって日本が第二次大戦後の高度成長のただなかにあり、私の人生も国の発展するウェーブに寄り掛かってやってこられたからです。私は自動車のローンが終わらないうちに次の新車に切り替えるという日々や、住宅ローンを組んで支払いが三分の一も終わらないうちに地価が高騰してしまい、残額の支払い負担が楽になっていくという現実を過ごしたのです。

しかし、これからは、私の世代が過ごしてきたようなやり方では破綻を来すであろうと考えます。明日の日本の社会は進展は遅いが堅実に発展していく方向に進むでしょうし、人々が無言のうちに正しい判断をする世の中になります。それは私たちの社会が成熟したからです。一部の人が世の中をみくびって非常識な行動をとれば、社会はそれを見逃さずにかならず排除するようになります。

これから出発していく新入社員のみなさんは、そのような公正で正直な世の中に泳ぎ出ていくのです。正直な世の中において一番いけないのは「バレなければいい」という態度です。バレなければいいことは、必ずバレるということを肝に銘じてください。他人がみていようといなかろうと、与えられた仕事に夢中でまじめに取り組んでいくことが大切です。世の中というものは正しい評価を下すものであり、たとえそのとき認められなくとも、上に立つ人はみているものです。担当した仕事が自分の手の届かないところで成功すれば、あなたには「心の勲章」がひそかに授けられます。目にはみえない「心の勲章」がふえていけば、世の中があなたをほうっておきません。それが本当の力というものです。

社会に出て最初に直面する悪風は「酒」です。日本の社会は「酒」に対して寛容すぎます。そして人をもてなすことを酒を飲ますことだと思っている悪しき風習があります。ほどほどの飲酒ならば胸襟をひらいて語り合う上ではよい効果をもたらしますが、深酒を強いることは犯罪に近い。これからの世の中は、酒を飲んだ上での行為をけっして許さないのです。毅然として自分の人生を大事にしてください。飲めないときは「飲みません」とはっきり断わる勇気をもちなさい。いまは、その一言がかえって気骨のある人間だと好感をもたれる世になっているのです。

絶対に手を出してはいけないものは「サラ金」です。若いときはカネがないものです。カネがないのはあなただけではない。若者はみなカネがないのです。カネがないかわりに躍動する若さと明日があるのです。若さと明日はあなただけの特権であり、カネで買うことはできないのです。一瞬のよろこびを得るためにカネを借りてはいけません。数万円の借金があっというまに数百万円にふくれあがり、人生の目的地が百八十度ひっくり返って暗黒になってしまうのです。

男女を問わず早く結婚しなさい。世の中は結婚して初めて一人前だと認めてくれるのです。それは結婚するということが、人間としての責任という荷物を背負うことになるからです。ただし結婚に対して打算と計算をしたならば絶対に失敗します。「バツイチ」などと茶化して自慢している風潮を腹の底から叱ります。離婚の悲しみと苦しみは自分一人だけではなく家族を巻き込むのです。打算はそれが苦になりません。そこが本当の愛情とは違うところです。そこをよく考えて求婚しなさい。結婚は「勢い」というものです。この人と一緒に行こうという勢い以外に、なにもないのが結婚です。だから勢いの強いときに、早く結婚しなさい。

幸せな家庭を築き上げるには、常に前向きにひたむきに歩くことです。額に風を受けて堂々と行くことです。よき家庭人はよき会社員であり、よき会社員はよき社会人になりえます。明日の日本はあなたの人生にかかっているのです。

勅使河原茜

◉いけばな草月流家元

社会人として充実した日々を過ごすには、自分をしっかり見つめて見失わないこと、聞く耳を持つこと。

私がいけばなに本格的に携わり始めたのは二十五歳の時です。祖父が「いけばな草月流」を創流し、叔母と父が第二代、第三代の家元でしたので、いけばなはごく身近にあるものでしたが、祖父母や両親からいけばなの稽古を強制されたことは一度もありません。いけばなは私にとって空気や水や日の光のようにあって当たり前な存在でした。稽古を強制されない代わりに、両親から繰り返し言われたのは「何でもいいから自分の好きなことをみつけなさい。仕事を持って、自分の力で生きていけるようにしなさい」ということでした。

てしがはら・あかね
一九六〇年、草月流第三代家元で映画監督の勅使河原宏の次女として生まれる。幼時より、叔母の勅使河原霞（二代家元）からいけばなの手ほどきを受ける。国学院大学幼児教育専門学校卒業後、四年間、幼稚園教諭として勤務。八五年、草月会に入る。八九年、草月会副会長に就任。二〇〇一年、第四代家元継承。

私が子どもの頃は、社会に出て男性と同等に働く女性はまだ少数派だったと思います。しかし幸いにも、既成の型にとらわれたいけばなに飽き足らず、草月の「自由と個性」に惹かれ集まったお弟子さんの中には、大勢の生徒を指導し、花ばさみを片手に国内外を飛びまわるすてきな女性がたくさんいらしたので、男であれ女であれ、自分の手と足と頭を使って生きていくことはごく自然なことと受けとめていました。結局、子どもが大好きだった私は幼児教育を勉強し幼稚園の先生になりました。四年間幼稚園教諭として働いた後、草月の本部で広報として働き始め、やがて創作活動に入りました。こうした経歴を、意外ですねと言われますが、私自身は自分の好きなこと、やりたいことを選択し積み重ねてきたことの結果ですので、ごく自然な流れに感じています。ただ、そう言えるのも、ひとえに家族や周囲の理解があってこそのことなので、両親をはじめまわりで見守ってくれたたくさんの人たちには心から感謝しています。

両親から繰り返し言われた「自分の好きなことを見つけなさい」という言葉は私の心にいつの間にか根づき、家元となった今でも変わらず私の中にあります。「自分の好きなことってなんだろう」。子どもの頃から持ち続けたこの思いは、家元として責任を担わなければならない今だからこそ、周囲の意見に流されず自分を見失わないためにも、真摯に向き合うべき大切な問いだと感じています。

みなさんの中には、大きな希望を抱いて働き始めたものの、これは私のやりたいことではないと悩む方がいるかもしれません。たとえ自分の望みどおりの会社に入社したとしても、最初から自分の思うとおりに仕事ができる可能性はゼロに近いといってもいいと思います。現実と理想のギャップに悩む日々。自分がここにいることの意味がわからなくなる時。そんな時こそ「自分の好きなことってなんだろう」と自分に問いかけてみてください。もちろん好きなことがそのまま仕事に結びつくほど社会は甘くはありません。けれど、自分が何を好きなのかがわかっている人は、どんな時も自分を見失わない人だと思います。たとえ今どんな場所にいようと、自分の足でしっかり立っている人は、チャンスがあれば自分の望むほうへ迷いなく動くことができます。それは、きっとみなさんの「好き」に向かっての大きなステップになるに違いありません。

私はいけばなの家元として大勢の門下生を指導する立場にありますが、本当に多くの方の作品を拝見してきました。そのさまざまな指導の経験の中で、着実に力をつけていく人と伸び悩んでしまう人の間にはひとつの違いがあることに気づきました。小さな、けれど決定的な違いです。それは、聞く耳を持っているかどうか、ということです。誰であれ、どんな分野であれ、精魂こめて自信を持ってつくり上げた自分の作品（仕事）を批評され、欠点を指摘されるのはとても辛いことです。私自身ものをつくる人間として何度も同じ体験を味わっていますから、その苦しさはよくわかります。むしろ相手に見る目がないのだ。聞かなかったことにしてしまおう…。心の中にはいろんな思いが渦巻くでしょうが、その苦い指摘をとにかく一度咀嚼して飲み込んでみなくてはいけません。どうしても消化できないのなら吐き出しても構わないでしょう。でも最初から避けて通ってしまったら、成長する貴重なチャンスを逃すことになります。往々にしてその苦い言葉を通して、自分の作品（仕事）の中に今まで気づかなかった何かが見えてくるものです。そしてこの経験は辛ければ辛いほど乗り越えた時確実に人を成長させてくれるのです。

　自分の好きなものをしっかり見つめて自分を見失わないこと。聞く耳を持つこと。ささやかなアドバイスですが、みなさんが社会人として充実した楽しい日々を過ごすためにわずかでもお役に立てたなら、心からうれしく思います。

池野美映

◉ワイン醸造家

だれにでもチャンスはやってくる。その状況に備え、意識し掴み取ることのできる心と態勢を整えておきたい。

目の前に広がる緑の傾斜地には垣根栽培と呼ばれるヨーロッパ式のブドウ棚が夏の青空に向かって梢を伸ばしている。風に揺れている大小のブドウの葉の元には、じっとして動かないカエルが一匹。三段に設えたワイヤーの下方にはブドウが緑から黄色、ピンク、うす紫に色とりどりに変化をしている。ベレゾンといわれる色づきの季節だ。一年の中でもとりわけこのベレゾン時期が気に入っている。

二〇〇七年に猫の足跡畑と称するブドウ畑を開墾し、一一年には念願の醸造所をブドウ畑の隣地に設けることができた。ブドウの栽培もワイン造りも軌道に乗り最

いけの・みえ　出版社勤務を経て二〇〇一年渡仏。〇二年フランス国立モンペリエ大学薬学部D.N.O.コース入学。〇五年フランス国家資格ワイン醸造士の資格取得。フランス・ブルゴーニュにて勤務後、〇七年八ケ岳南麓にブドウ畑開墾。〇九年農業生産法人レ・パ・デュ・シャ代表取締役社長就任。ドメーヌ　ミエ・イケノ栽培・醸造責任者。

近、やっと少しだけ余裕が生まれてきた。

私は、ワイン造りをめざして二〇〇一年にフランスに渡りD.N.O.の勉強を開始した。D.N.O.とはDiplôme National d'Œnologue（フランス国家資格ワイン醸造士）の略でエノログとも呼ばれ、世界各国で認定されたワインの醸造・栽培に携わるプロフェッショナルの呼称である。フランス国内の五つの大学に一クラスずつという狭き門の一つ、国立モンペリエ大学の薬学部にあるD.N.O.コースに運よく入学を許可され、紆余曲折はあるにしろ〇五年には資格を取得して卒業できた。幸運だったのは間違いない。フランス語も一からだったし、社会人になって十数年間経過していたので化学や生物、物理等の基礎学問も学生時代に学んだことを思い起こすこともできないくらい遠のいていたので、これもまた一からだった。入学後に日本の大学院レベルの知識が必要だったことに気がついたがもはや遅く、レベルの格差は目を覆うものだった。いま思い起こしても勉強しかしていない留学生活だったが、時折り授業で出かけるワイナリー視察では息抜きと大きな刺激を受けていた。一事が万事そんな風だったのでディプロムの授与式では信じられない思いでいた。「人間って、やればなんでもできるんだな」と、まるで他人事のように客観的に思っていたことを覚えている。

日本では大学を卒業してすぐ内定をもらっていた会社に就職した。その会社は都内のオフィス街の高層ビルにあり、当時の私は出版社からの内定がもらえずオーソドックスな社会人生活に方向転換していたので、内定の電話をもらった時の高揚感はいまでも忘れられない。就職氷河期と呼ばれていた時代だったこともある。期待どおりすばらしい上司や先輩、同期に恵まれ新社会人のスタートを切ることができた。それでも数年後には仕事のやり甲斐を求めて、かねて興味のあった出版業界に転職、編集の仕事を経てフランスに渡った。その都度、自らのベクトルを確認してそこに素直に進んできたように思う。ワクワクできてやり甲斐があって楽しい方向へ——。ベクトルが定まったら機会をうかがう。だれにでもチャンスはやってくる。それをチャンスと認識するか否か、手を伸ばすのか伸ばさないのかだけの違いだと常々感じている。大切なのはいつ現れるかわからないその状況に備え、常に意識し、掴み取ることのできる心と態勢を整えておくことだと思うのだ。

新社会人の皆さんの、だれのものでもない自分の人生が思いどおりに生き生きと幸せに溢れたものとなるよう、八ヶ岳の南麓からエールを送っている。

石川九楊

◉書家／京都精華大学名誉教授

会社を辞める時、ひとつの決心をした。サラリーマン以上の忍耐で仕事にとりくむことを。

一九六七年四月、大学を卒業した私は、未知の社会の広さへの好奇心と気のりのしない思いがないまぜになった複雑な気分とともに当時未上場の京都の化学会社に入社した。卒業後ただちに結婚する約束の婚約者があり、生活の糧が必要だったからだ。その会社に決めたのは、就職戦線に立ち遅れたためと、就職する以上は物を作る会社で、組織の一齣で終わらない程度の中規模会社で、大学時代にひきつづいて京都に住みたかったからである。

法学部を出た私は、営業は趣味に合わないため、会社の動きの全体を見渡せる部署を希望して、弘報宣伝課へ配属された。

会社の歯車の如くには生きたくないと考えていた私は、入社式の日、なかなかよくできた社是ではあったが、その合唱には気のりがせず、口をつむっていた。

新入社員教育は耐えがたかった。あたりまえのことを横文字記号を使って講じる教育課長はなんとも滑稽であるとともに苛立たしくもあった。私の本格的喫煙はこの時のイライラに始まった。ただ、機密が漏れるから通勤電車の中で会社の噂話をしないようにという人事課長の注意は妙に納得して、退職するまで心がけた。

さらに退屈したのは、商工会議所主催の新入社員教育。コンサルタントと称する人が出てきて、いろいろ講釈するが、人間を単純化した表層的な話ばかり。そこで二日目から出席を取る時間を過ぎると、同期入社で知り合った友を誘ってエスケープ。町へ出て映画を見、終わる時間を見はからって戻る日を数日間繰り返した。

仕事をやる以上は、周囲の協力は必要不可欠。そこでまず、社内的には日陰に属する人達と良好な関係を築くことに努めた。掃除、運転、電話交換、受付、守衛、給仕……彼等、彼女等こそは、会社や社員の裏面つまり真の姿を知る人達だからだ。別段それで得をしたことはないが、挨拶、声かけに始まり気持ちよく会社生活を送ることができた。

そう言えば入社時の失敗談がある。社内実習期に、工場に配属された。仕事は一十リットル入の缶に化学製品を詰める作業。原液一〇〇%の粘りの強い液状品だから充填に時間がかかる。決められた通りの手順でやっているとまだるっこしくて仕方がない。時々職場の先輩がやってきて、機械を操作すると、充填速度が早まる。それならと、先輩が離れた時、さらに少し針を動かしてみた。しばらくすると液体がブクブクと泡立ち始め、やがて「ブスッ」と音がして充填用ホースが裂け、液体がコンクリートの床に溢れ出した。あわててノブを閉めたがすでに遅し。先輩が戻ってきて床掃除を手伝ってくれた。始末書を書いた気もするが、定かではない。

サラリーマンとは、入社した日からいつ辞めるかを考えている人達と定義づけられる。あるいは、定年という制度があって生涯を通しては仕事を続けられない職業と言い換えてもよい。仕事をやる必要がある時には徹夜の泊まり込みもしたが、別段普通の日には、定時退社を心がけた。近年はどうかはしらないが、当時、終業時間が来ても、なんとなく皆がだらだらとしていた。勇気はいったが、用事のない日は「お先に」と言って帰ることにした。

いしかわ・きゅうよう
一九四五年生まれ。京都大学法学部卒業。サントリー学芸賞、毎日出版文化賞、大佛次郎賞受賞。京都精華大学教授・文字文明研究所長を経て二〇二一年より現職。作品集「石川九楊作品集」、著書「日本書史」「中国書史」「近代書史」ほか。

会社に入っても書を続けていたので、展覧会の準備期や書の研究雑誌の発刊期になると、家で書の制作や原稿執筆した後、徹夜で会社に出勤する日も度々だった。とは言え、仕事は何しろ未知の世界との出会い。とても興味深い、刺激的で有意義な体験であった。また同僚や外部の仕事仲間とのつき合いも貴重だった。その友との関係は現在まで続いている。弘報宣伝という仕事柄、一〇〇〇種類ほどあった会社の製品名と大まかな組成と用途はたいてい頭に入っていた。表層的ではあるが、商品について社内でもっとも広く知っているという自負もあった。むろん耳学問にすぎないが、工業会の出版物の化学製品についての技術解説文を書いたこともある。この方は、いわば技術的に書けばすむが、耐えがたかったのは、役員の随筆の代筆。大まかに話を聞き、これを気のきいた文にまとめるのだが、随筆だから、時代や芸術についての価値観が入り込む。自分自身の思想とは折り合わないところを、それらしくまとめるのであるから、心的葛藤が大きい。この時ほど「疎外された労働」の痛苦を感じた仕事はない。

上場するまでの成長期の企業は、伸び伸びと仕事ができてたのしかった。だが、企業規模が大きくなると、創造的に仕事をすることよりもルールを遵守することの方が強く要求される。組織的に行動できないわけではないが、不同意の命令には従いにくい私は、入社後十一年、退職を決心した。会社を飛び出した先輩達の先例から、三十歳から三十五歳までに結論を出すべしとの教訓を得ていたからである。私が三十三歳の初夏であった。今から考えれば、それほど窮屈に考えなくてもよいのかもしれないが、企業に残るか、勝算のない書の道を択ぶかを自問した。「会社を辞めたい」と妻にもらしたら、「辞めたら」との一言で決心がついた。

実はサラリーマンになって決めたことは麻雀をしないこと。会社での仕事と家での書の仕事とを両立させるためには、一刻の時間も惜しい。「麻雀はできない」という偽りで押し通した。会社を辞めることが社内に伝わるや「きみはいいな、やることがあるから」と先輩や同僚から羨まし（？）がられた。「君等は日々流されていたではないか」と胸の中で呟いたが、むろん口にはしなかった。

サラリーマンを辞める時、ひとつの決心をした。サラリーマンが毎日毎日定時出社し、嫌な上司の不条理な命令にも堪え忍んでいる以上、私はそれ以上の忍耐をもち、それ以上の時間をかけて、仕事にとりくむことを。会社を辞めてからは会社時代の五倍ほどの仕事をし、一日二十四時間が仕事の時間と化している。

香山リカ

◉精神科医／むかわ町国民健康保険穂別診療所副所長

「自分を信じる心」こそが、前向きに進んでいく上で、もっとも大切なものです。

新入社員のみなさん、あなたたちはすばらしい「勇気」をもった人たちです。あなたたちの人生が本当に手ごたえのあるものになるかどうか、それが決まるのはこれからです。しかし、あなたたちはすでに実りある人生には不可欠なアイテムである「勇気」を手にしている。それは今後のあなたの人生にとって、どれほど幸運で有利なことか。すべてはこれからわかります。

もしかすると、「私はたしかに就職はしたけれど、それと勇気ってあまり関係ないんじゃないの?」と思う人もいるかもしれません。ところが、勇気と就職、この

かやま・りか　一九六〇年生まれ。東京医科大学卒業。学生時代より執筆活動を始め、その後も臨床経験を活かし、現代人の「心の病」について洞察を続ける。著書「「発達障害」と言いたがる人たち」「「わかってもらいたい」という病」ほか。

ふたつはおおいに関係あるのです。そのわけをこれから説明しましょう。

なかなか「就職できない」若者の中には、「就職口がない」のではなくて「怖くて就職に踏み切れない」という人も少なくないことを知っている大人は、あまり多くないかもしれません。もしかするとみなさんの中にも、就職活動を始める前に「楽しい学生生活ももう終わり。これから社会に出るのは気が重い」とため息をついたり、実際の就職活動の面接できびしいことを言われ、「もう就職活動なんてやめてしまおうか」と傷ついたりした経験をもっている人もいるのではないでしょうか。

私はいま、大学の教員もしているのですが、私のゼミの中にも、実力や才能は十分にあるのに、「私なんてどうせ就職できるわけはないし」と最初からあきらめて就職活動に踏み切ろうとしない学生が、毎年何人もいます。一回や二回、就職試験を受けてみて不採用通知をもらっただけで「やっぱりダメなんだ」と落ち込み、それきり活動をやめてしまう学生もいます。

そうなると、教員は学生にふさわしい就職口をすすめたりする以前に、「さあ、勇気をもって就職活動を始めてみよう」と励ましたり、不採用になった学生に「就職活動はまだまだこれからじゃないの。またチャレンジしてみようよ」と慰めたりすることで手いっぱいになってしまいます。「もう死語だけど、いわゆる〝ガッツ〟がないんだよなぁ。私たちが若者だった頃は、一度、二度と失敗してからが、逆に「やるぞ！」と燃えてきたものなのに」と、同世代の教員同士、よく苦笑いをし合っているのが実状です。

しかし、みなさんは違います。

就職活動を始める前のためらいやおっくうさ、始めたばかりのときの「本当に就職なんてできるんだろうか？」という不安、筆記試験や面接での緊張などに、果敢に挑んでいった。中には面接で人事担当者や重役の鋭い突っ込みに自信をなくしたり、非情にも届いた不採用通知に大きく落ち込んだりした人もいるでしょう。それでも、みなさんはめげなかった。「次のところはだいじょうぶ！」と自分を励まし、また採用試験に臨んだのでしょう。

そのときみなさんの心の奥にあったのは、「きっと私のことを必要としてくれるところがあるはず」という自分を信じる気持ちだったと思います。だから、不安に負けずに就職活動を続けることができたのです。

実はこの「自分を信じる心」は、人生を前向きに進んでいく上で、もっとも大切なものです。そしていったんそれを失ってしまうと、人からいくら「自分を信じなさい」と言われてもなかなか取り戻せないものでもある。めでたく社会人になったみなさんは、今日までその「自分を信じる心」を手放さずに来られたわけです。「私なんて」「僕なんか」とあきらめそうになっても、「いや、きっと私にもできることがある！」と信じる心を握りしめ続けた。これは、たいへんな勇気を必要とすることなのです。

見事、就職して今日の日を迎えたみなさんは、たいへんな勇気の持ち主である。このことばの意味を、なんとなくでもわかっていただけたでしょうか。どうかこれからも、「私には勇気がそなわっているんだ」と自分を信じる心を持ち続けてくださ い。そうすれば、職場でもそれ以外の場でも自分らしさを花開かせながら、必ずほかのだれとも違う自分だけの実りある人生を歩んでいけるはずです。

岩松　了

⦿劇作家／演出家

人はタテに並んでいるのではなく、ヨコに並んでいるにすぎない。

私自身、会社勤めをしたことがないので、たまに仕事の関係でビルの中の会社に行ったりして、廊下を書類を抱えた女子社員がさっそうと歩いているのを見たりすると、「ああ、一度はこんなところで働いてみたかったなあ」と思ったりするのです。

以前会社を舞台にしたテレビドラマを書いたことがあって、「会社内のいじめ」を扱うものだったのですが、その時はじめて、大人の社会にもいじめが頻繁にあって、しかもトイレの壁に、それに類する落書きが頻繁にあるのだと知ったのでした。

結局、どんな社会に生きていても、大人になろうがなるまいが、はたからはどん

いわまつ・りょう　一九五二年長崎県生まれ。自由劇場、東京乾電池を経て、現在舞台劇作家・演出家として活躍。岸田戯曲賞、紀伊國屋演劇賞、読売文学賞等、受賞作品も数多い。その他、小説「五番寺の滝」などがある。

なにさっそうと見えていても、人間は人間だということでしょうか。

とりあえずいえることは、新入社員といえど、いずれは古参の社員になっていくということで、問題はこの過程のなかでいかに自分というものを保ちつづけるか、ということでしょう。先の落書きのことからもわかるように、〝人間関係〟多くはここに、その課題が潜んでいるものと思われます。

若い、ということは無残だ、と私は思います。若いということの定義付けをせよと言われたら、私はこう言います。

「それは頭の悪い時期だ。なぜなら、自分が自分に下す評価と、他人が自分に下す評価の差がありすぎるから」

自己に対する自身の評価と他からの評価の差をなくしてゆくこと、それが頭が良くなるということだ、と私は思うわけです。そして人間、頭が良くなくちゃいけない、と……。

自分は「何者かである」という思いと「何者でもない」という思いのなかであえぎ、果ては自己破裂をおこしてしまう、それが若さの無残だ、ということです。

破裂せず、耐えること、私はそれを進言したい。耐えること、耐えつづけること、これが、少なくとも二十代の人間の精神的な闘いと私は考えます。それがどういう結果を招くかというと、ある時ふと「もう、どうでもいいや」という感覚を生む、ええ、おそらくそうなると思います。

その「どうでもいいや」という感覚は、何やら反社会的な印象かもしれませんが、確かにそういう側面があると同時に「自分は自分の出来ることしか出来ない」という、実にまっとうな認識をみることになる、ということでもあるのです。ですから言ってみれば、その反社会性が、逆に、あなたを社会的な存在にしてゆく、ということ。つまり、人間というのは、タテに、偉い人から順番に並んでいるのではなく、さまざまな人間がヨコに並んでいるだけなのだ、ということ。このことを知れば、感じられれば、生きてゆくことは、とても楽になります。「開き直る」という言葉がありますが、この感じに近いと思います。

そう、耐えれば、耐えつづければいつか開き直る日が来る、私はそう思うのです。

それとやっぱり〝お金〟のことでしょうね。社会人になると、お金の力がモノを言う場合が多くあります。結婚して子供でも出来た日にゃ、実際、お金が必要になってきますし、主婦になったあなたの奥さんは（男性社員の場合ですが）、あなたの稼ぎを問題にしはじめるかもしれません。しかし、ここでも保つべきは自分というものです。稼ぎを問題にする奥さんに対して「どうでもいいや」と思える力が必要です。そのあなたの力が逆に奥さんを教育してゆくはずです。だって、あなたは「自分に出来ることをやっているだけ」なのですから。

私も、お金に動かされる人間を多く見てきました。それで友だち関係をなくしたこともあります。かく言う私だって、そりゃお金は必要だし、欲しくもあります。けれども、ここでもやはり、自分の見る自分は、必ず他人が見る自分でもあるのだと知ることが大事だと私は思います。自己に対する評価を他人にも求めないこと。他人は他人で、あなたのことを評価しますから。お金に動かされる、とは結局のところ、他人の評価に動かされていることだと私には思えます。

お金がなくても豊かな人はたくさんいます。そういうものを友として持つこと、これが大事ですね。あるいは、その友というのは、文学作品だったり、音楽だったり、一枚の絵だったりするかもしれません。そしてそういうものを介して、新しい友が出来るのかも。

嵐山光三郎

⦿作家

新入社員にオリジナリティはない。「この人だ」と思う人のコピーをするのがいい。

新入社員は、マネをしなさい。

だれのマネをするかというと、自分で、「この人だ」と思う人のマネをしなさい。

会社へ入って二、三ヵ月たつと、将来、自分が（そうなりたい）と思うタイプの人が必ずいるものです。

その人のマネをするのがいい。酒の飲み方、昼飯の食い方、他人との接し方、仕事の仕方、服のセンス、本の読み方、日曜のすごし方、何から何までマネをするのがいいのです。

あらしやま・こうざぶろう　一九四二年生まれ。国学院大学国文科卒業後、平凡社入社。「太陽」編集長を経て、作家、エッセイスト。著書「追悼の達人」「文人悪食」「悪党芭蕉」ほか。

（そんな主体性のないのは嫌だ。オレはオレの流儀をつらぬくぞ）と思いたがる気持ちもわかりますが、そういうタイプの人は、出世しません。出世しないと、自分のやりたいこともやれません。

どうも私の意見は、実用すぎて、自分でも、もっとカッコイイことといったらどーか、と思うのですが、これは本当のことなので、やっぱりいってしまう。

本当のことはカッコー悪いものなのだ。

で、つけ加えると、一見カッコイイナーと思う上司のマネをしてはいけません。会社というものは、カッコ悪ければカッコ悪いほど、実力が発揮できる場なのです。カッコ悪いことを恐れてはいけません。

世間的に、一見、派手にみえる会社の、本当の実力者は、じつは、眼にみえないところで、じつに泥くさい経験をつみ重ねているものなのです。実力者というものは、その泥くささとカッコ悪さを、お互い容認しつつ、結ばれているものなのです。

会社へ入ると、いろんな上司がいます。で、最初に、「やあ、きみは、ミコミあるぞ」とかいって調子よくいってくる上司、これはまずダメです。きみが本当に慕うべき上司は、最初はそんなことをいいません。自分に自信があるから、「できる男は、最終的にはオレのとこへとってやってもいい」と思っているからです。

これは、暴力バーにかぎって、客引きが調子いいのと同じ原理です。人気ある優良店は客引きしなくても客がやってくる。

新入社員というものは、だれでも、明治維新の坂本竜馬のような気分になりがちで、入社式の社長訓辞の、「諸君の新しいパワーを求めておるぞ……」にのせられて、つい、自分に実力があると思い込み、とんでもないウヌボレ街道をつきすすんでしまう。

新入社員は、プロ野球の選手とは違います。プロレスラーでもありません。プロのショーギ指しでもないし、一切のフリーの業種の人とは違います。そこのところを間違えると、とんでもないことになります。

プロのフリーたちと、個人的な孤独の部分では共通するところがあっても、組織力学の面では相反する面があります。ここのところをよくわきまえないといけません。

新入社員が、「オレには、オレの道がある。オレのオリジナリティでいく」と思っても、そんなオリジナリティは、すでに、だれかによって開拓されてしまっているものなのです。

新入社員にオリジナリティはない。

と、私は、あえて断言してしまう。それよりもまず、謙虚の一語を頭に叩き込み、「この人だ」と思う人のコピーをひたすらするのがいいのです。

「この人だ」と思う人のコピーをして、二、三年たつと、そのうち、知らず知らずのうちに、きみの個性が出てくる。いくらコピーしてもコピーしきれないもの、それが、きみのオリジナリティなのです。オリジナリティというやつは、自分で演出して出るものではなく、まして、自分で主張して発揮されるものではありません。

自分が自分で「これがオレの利点だ」と思っているのは、案外、欠点である場合が多く、自分で「ここがオレの弱点だ」と思っているところに、その人の才能がかくされているものなのです。

佐伯啓思

⊙京都大学名誉教授

徹底した会社人間をやってみろ。会社という現実を前に、自分を試してみなさい。

わたしは大学院を出てすぐにある大学に就職したので、企業で働いた経験はありません。だからアドバイスなどというものはできないのですが、ゼミの学生などとは多少、社会へ送り出したことになります。時々、就職してまもなくの元学生諸君に会うと、いつも決まって驚かされます。まずみな、スーツをパシッと決めているのは当然としても、ろくすっぽ挨拶もしなかったA君が、敬語まで使ってしゃべっていたり、「こいつ社会へ出て大丈夫かな」と思っていたB君が、わたしなどよりははるかにしっかりした考えをもっていたりするからです。

さえき・けいし　一九四九年生まれ。東京大学大学院経済研究科博士課程修了。滋賀大学教授などを経て二〇一五年より現職。経済学、社会思想を中心に研究。著書「隠された思考」「現代日本のリベラリズム」「現代民主主義の病理」ほか。

こうした元学生諸君に会うと、いつも、人間教育という意味ではいったい、大学は何をやっているのだろう、と思わざるをえません。企業や会社という集団組織はすごいものだと思ってしまいます。と同時に、はたしてこんなにコロッと変わってしまって大丈夫なの、といいたくもなるのですが。

しかし、彼らのだれもが口にするのが、学生時代にもっと勉強しておけばよかった、いまになって本が読みたくなった、あの講義を熱心に聞いておけばよかった、ということです。この気持ちはわたしにも想像はつきます。学生の時代に頭の中で考えているのとは、まったく次元の異なった現実の問題にぶつかっているからでしょう。本や講義が、そんなことに直接の解決にはならないことはわかっていても、少なくとも現実を媒介にしてはじめて、人間は自分の頭で考えたくなるもののようです。

そこで、アドバイスというようなものではないのですが、きわめて「反動的な」雑感を書いておきましょう。「反動的」というのは、この時代の気分や大勢の意見とはむしろ正反対という意味です。いまや、わが国では、日本企業の集団主義や会社主義が批判の的になっていて、会社を主にするのはやめよう、自分の生活や創意を大事にしよう。会社人間にはなるな、自分の人生を大事にしろ、といった声があっちこっちから聞こえてきます。そこでいささか天《あま》の邪鬼《じゃく》なわたしとしては、むしろ、まずは徹底した会社人間をやってみろ、といっておきたいのです。

企業や会社というのは、いまの日本では、多くの若者たちがはじめて出くわす現実です。ルールがあり、人間関係があり、自己規律を求められ、身勝手といいかげんは許されません。むろん、規律やルールは学校生活にもあるのですが、その重みは比べものにならないでしょう。いま、日本では、会社が、若者の規律を教育するほとんど唯一の場になっているといってもよいでしょう。そこで、規律などというものは近代社会がつくり出したフィクションだとか、自由の抑圧だとかいったことを大学で学んできたみなさんは、まずこの現実によって大きなしっぺ返しを食らうことになります。

そして、まずはこの大きなしっぺ返しを食らうところから始めなさいといいたいのです。日本の企業は、善し悪しは別として、みなさんに一種の道徳教育をするようにできているようです。「社会的常識」というものを要求します。なにより協調するということを重視します。この「日本式」は、個性の抑圧だとかといって近年はなはだ評判が悪いのですが、個性を発揮するなどという前に、ともかく、「日本式会社」という現実をまずは徹底して受け止めてみてもらいたい。個性などというものは、本当にそれがあれば、いくらでも発揮できるものです。

みなさんははじめて、「自分」というものとは本来、なんの関係もない集団（会社）、しかも自分を越えた大きなものをせっかく選び取ったのですから、まずは、徹底的にその会社のために働くしかありません。

ただ、会社のために働くというのは、会社にいつまでも拘束されているということではありません。以前、日本でも長く仕事をしたことのあるドイツの経営者と話をしていたとき、わたしが、「日本人はよく（ハードに）働く」といったら、彼は、それは違うと即座にいいました。「ドイツ人のほうが会社のためによく（ハード）働く。日本人はただ長く（ロング）働くだけだ」というのです。いつまでも会社にいることが、よく働くことではありません。会社人間になれ、というのはいつまでも会社で仕事をしろということではありません。そうではなく、会社という圧倒的な現実を前に、自分を試し、できるだけのことをしてみなさい、ということです。そうすれば、本当にいやだと思えばまた次の人生を考えることもできるのです。

ランディー・チャネル宗榮

⦿茶道家

何事も迷わずに、まずやってみる。自分が動くことで無限に広がる世界が待っています。

三十年以上前に来日し、それ以来、日本に定住しています。スポーツは子供の頃から好きでアイスホッケー、ラクビーやカンフーも得意でしたが、「自分の道」というものを、その頃の私は感じることができませんでした。そして「道」＝私の生き方というものを求めて日本へ渡ることを決意しました。

来日してすぐ、剣道を学びましたが、私は日本語が全くわかりません。先生は英語が全くわかりません。お互いに身振り手振り、私は見よう見まねで型を覚えていくしかありませんでした。そして先生や、ご近所さんとのふれあいで、少しずつ言葉を理解し、コミュニケーションをとりました。今思えば、きちんと語学学校にいけばよかったと思うこともありますが、日本語を学ぶことより、武道を学ぶほうが私にとっては重要でした。

また、文武両道の精神から茶道の世界にも足を踏み入れました。私を教えてくださった先生は、ちっちゃくてかわいいおばあさん。この方も英語は全くわかりません。でも、私のことを受け入れ、茶道の素晴らしさを丁寧に指導してくださいました。この方がいらっしゃらなければ、今の私はありません。おそらく、日本には住んでいなかったと思います。私の「道」をみつける手助けをしてくださった先生には、感謝してもしきれないくらいの想いがあります。

茶道で身を立てられるようになりましたが、このきっかけを与えてくれたのも、ある先生のススメでした。私は、武道も茶道も一生学んでいくつもりでしたが、教える立場になるつもりはありませんでした。ところが、裏千家学園茶道専門学校で指導いただいていた先生から、「せっかく、三年間毎日勉強したのだから、指導者になりなさい」と、先生の稽古場で、教師の位置に座らせていただきました。それは、毎日観ていた世界とは全く違う景色でした。右と左が違うだけで、こんなにも

Randy Channell そうえい　武道を学ぶために来日。「文武両道」精神から茶道を始め、裏千家茶道専門学校に入学。卒業後も修行を重ね「宗榮」という茶名をいただく。現在、東京、京都で茶道教室を開催。大学での講義・企業セミナーやCM監修、また自らもメディアにも多数出演。和カフェらん布袋のプロデュースもしている。

見え方が違い、私は何を指導したらいいのか、まるでわからなかったと言っても過言ではありませんでした。三年間の学園生活は、茶道の始まりでしかなかったのです。今では茶道歴も三十年余り。石の上にも三年どころか、その十倍以上です。しかしながら、いまだに十分だと思えることはありません。それは茶道という特別な世界だけではなく、どのような仕事についても同じだと思います。

手段がわからなくても、目的をしっかり持ち、努力すれば、結果は自ずとついてきます。また、慣れた、わかったと思っていても、立場が変われば、まるで別世界に来たような気分になり、今までの知識では対応しきれないこともあるでしょう。自分に向いている、向いていないの判断が、自分ではなく、時には上司や周りの人たちが正しい場合があります。全く思いもしないところで、運命的な出会いをし、また大きな転機が訪れることもあるのです。

何事も迷わずに、まずやってみる。Just do it！

自分が動くことで無限に広がる世界が、あなたを待っています。

きょうとあすの間

松尾　豊

◉東京大学大学院工学系研究科教授

変化が大きいからこそ、一発逆転も多い今の時代、どうプレーするか、自分なりの戦略を立て大活躍してほしい。

時代が大きく変化している。ここ十年ほど、人工知能の技術が大きく進展した。顔認証、翻訳、囲碁や将棋のＡＩ。深層学習（ディープラーニング）と呼ばれる技術が変化をもたらした。最近では、文章を書いたり、絵を描くＡＩが注目を集めている。ただ、こうした変化は、まだほんの序の口である。深層学習の分野では、二〇一七年に、トランスフォーマーという新しい技術が誕生した。これを用いた大規模なモデルが、翻訳や要約、対話や文章生成など、言葉を扱うタスクで驚くべき性能を発揮し続けている。おそらく数年後には、我々の日常生活や仕事の現場で、あっと驚く製品になって現われるだろう。

そして、こうした変化は、これから起こる人工知能の進展のごく端緒である。今後、十年から二十年をかけて、人工知能の技術は本格的な発展期に入る。その中で、人間の仕事を人工知能が代替することも起こるだろう。それとともに、人々の仕事の内容が変化する。そして、会社全体もますます大きな変化に巻き込まれる。新しい事業が生まれ、既存の事業も大きく変化する。また、人間の知能の仕組みも明らかになってくるはずだ。人間の存在そのものが改めて深く理解されるようになる。

こうした時代にあって、新入社員のみなさんに意識しておいてほしいことが二つある。一つは、ぜひデジタル、そしてＡＩの勉強をしてほしいということだ。今後のみなさんのキャリアは、人工知能の技術の本格的な発展期と重なる。避けて通れない。そして、こうした技術を勉強するのは若いうちほど楽だ。ぜひプログラミングを勉強してほしい。ＡＩのプログラムを動かしてみてほしい。ネット上にはこうした教材がたくさんある。特に英語圏では、オンラインでのプログラミングやＡＩの教育コンテンツが充実している。少し触ってみるだけでも、こういうことなのかと大きな理解が得られるだろう。そして、そういう経験が、みなさんのキャリアの

まつお・ゆたか　二〇〇二年東京大学大学院博士課程修了。博士(工学)。二〇一九年より東京大学教授。専門分野は人工知能、深層学習、ウェブマイニング。二〇一七年より日本ディープラーニング協会理事長。二〇一九年よりソフトバンクグループ社外取締役。

中で役に立つ時がきっとくる。みなさんの会社は、既存の事業も変えなければならないし、新規の事業も作らなければならない。その時に、最も中心で力を発揮するのは、技術と事業の両方がわかる人材だ。みなさんのいまの努力が、会社を救うことになるかもしれない。

もう一つは、ぜひ、スタートアップを起こす準備をしてほしいということだ。こうした変化の激しい時代においては、既存の大企業はすぐに弱くなる。新興勢力があっという間に台頭し、取って代わる。しかし、日本企業はこの三十年、時代の変化にうまくついていけなかった。その理由は、変化を起こせないからだ。守るものが多すぎるからだ。人間弱いもので、何か守るものがあると、それがいかにも重要だという合理化をする。それに抗うために、私が学生によく言っているのは、「選択肢を作る努力をするべきだ」ということだ。私が、スタートアップをして準備をしてほしいというのは、今の会社を辞めてスタートアップを起こす準備をしてほしいということではない。選択肢を作ってほしいということだ。いまの会社にずっと勤める以外の選択肢がないのに、自分がこの会社に勤めたいのだと思うのは、本心なのだろうか。それは自分自身にも区別がつかないはずだ。ぜひ、選択肢を作ったうえで、本当にいまの会社が好きなら、一生懸命貢献してほしい。選択肢があるからこそ、会社にとって本当に大切なことが言える。クビになってもいいと思って、正しいことができる。その覚悟が、結果的に今の会社にとって重要な変革をもたらすはずだ。もちろん、そうした覚悟が認められなければ、さっさと起業してしまえばいいのだ。ぜひ選択肢を作る努力をしてほしい。そして、スタートアップというのは今の時代、最強の選択肢だ。

変化の大きい今の時代に、こうして新入社員としてキャリアをスタートできる皆さんはとてもラッキーだと思う。私はよく、「ゲーム設定」のようなものだと考えるが、日本が衰退しているとか、人工知能によって仕事がなくなるとか嘆いていても仕方ない。そういうゲームのシナリオなのだ。変化の多い、だからこそ、一発逆転も多いシナリオだ。その中でどうゲームをプレーするかはみなさん次第である。ぜひ、自分なりの戦略を立て大活躍してほしいと願っている。

杉村純子

◉日本弁理士会会長／弁理士

仕事に何らかの楽しみを見つけて日々の時間を過ごすことで、人生は豊かになります。

新入社員のみなさま、今の気持ちは、新しい世界に踏み出し、希望と不安が入り交じった状態だと思います。私は、石油会社の研究員として社会人をスタートし、その数年後にはまったく経験のない知的財産の世界に飛び込みました。弁理士資格の取得、事務所勤務、そして独立をし、その間、東京地方裁判所（知的財産部）に弁理士第一号として勤務したり、日本弁理士会をはじめ、国内外の知的財産関係団体の役員を務めてきました。

社会人の生活は一種の「冒険」だと思います。喜びあり、不安あり、何が起こる

すぎむら・じゅんこ
一九八四年早稲田大学理工学部卒業。弁理士登録後、プロメテ国際特許事務所共同代表弁理士。裁判所調停委員・内閣府知的財産戦略本部委員、産業構造審議会委員・Licensing Executive Society 副会長・早稲田大学ビジネススクール非常勤講師等。二〇一一年知財功労経済産業大臣賞受賞。

かもわからず、時間とともに進んでいく。でもそれは「あなた自身の冒険」ですから、あなたが主人公であり、その冒険を大いに楽しんでいただきたいと思います。

一緒に過ごすメンバーは、それまでの、比較的同じ価値観を持った同世代の仲間から、世代も価値観も異なる人々へと変わり、自分の立ち位置さえわからなくなります。時には、自分が正しいと思ってきたことが否定されることもあります。むしろ最初は、ほとんど否定されるのが当たり前かもしれません。私も、「私のこれまでは何だったのだろう。どうすれば認められるのか。どのように行動すればいいのか」と考え込むことがありました。しかし、この「悩む」ことこそが、その後の「考える力」につながってきたと思います。

悩み、考え、その積み重ねが年を経て、「どうすればこの課題を解決できるか。どのような手法で仕事をうまく達成できるか」等の自分の問題解決能力を涵養することにつながっていると思います。自分で答えを出すことに固執する必要はないと思います。みなさまの周りにはいつでも人生の先輩が溢れていますから、周りの人々にどんどん質問してみてください。それは新入社員の特権でもあります。

そのためには、言葉使いを勉強することをお勧めします。これまでの学生言葉ではなく、丁寧語、謙遜語、尊敬語の正しい使い方を習得することは、周りとうまくコミュニケーションをとる手段として必須であり、年齢層を超えた円滑な「つながり」を築くツールです。

周りの人に相談することも大切です。相談は同僚や先輩に対してばかりではありません。将来、みなさまは社会人として先輩・大先輩になっていきます。課長、部長、役員等になったときでも、役職にかかわらず、後輩に謙虚に教えてもらう姿勢は、常にみなさまの人生を豊かに発展させていくことにつながるはずです。

考えが行き詰まる時もあると思います。そんな時こそ気分転換をしてください。私は自分の専門・業界以外の本を多く読みました。最近はユーチューブ・コンテンツも多くあり、情報を上手に選択して活用していくこともよいと思います。自分の業界や専門以外の知識からヒントを得られる場合もあります。リラックスも兼ねた、仕事以外の分野のことを楽しむ時間にもなります。

また、社会に出ると友人をつくる機会が減るかもしれませんが、多くの友人を作ってください。友人は宝物です。日本国内だけではなく、海外の友人もよいものです。私はこれまで、どれだけ友人に助けられたか、わかりません。私はとりわけ、海外、特にアジアの女性弁理士の友人サークルを楽しんでいます。日本人の私には思いつかない考えを海外の友人から聞くと、目から鱗が落ち、すっきりすることが多くあります。もちろん自分とは合わないと思う人もいると思います。しかし人は必ずよい面を持っていますので、よい面、参考になる面を見つけるように心掛けると、人間関係もスムーズになると思います。また最近は、会社の近くなどで、新入社員が集まる朝活や、英語を学ぶ朝活などがあります。会社に慣れて少し時間の余裕がでてきたら、のぞいてみてはいかがでしょうか。

男性・女性・ジェンダー・国籍等の違いによるお互いの特徴を認め合うことも必要です。家庭でも仕事でもお互いの特徴を認め合って、互いの考え方や取り組み方の違いや個性を受け入れてこそ、人生は豊かになるのだと思います。特に、働きながら子どもを育てることは一大仕事です。私は仕事も子育ても完璧をめざした時期がありましたが、逆に疲れて、何もうまくできなくなってしまいました。その時は、今の時期は何を優先すべきかを考え、一年間は子育て優先の時期を過ごし、その後、仕事に復帰しました。親がしっかりと考えを持って子育てと仕事をしていれば、子どもはその姿から学んでくれます。

そして、チャレンジ精神を持ってください。失敗を恐れずにチャレンジすれば、きっと何か新しい発見があります。チャンスが到来したときに、「後で考えよう」「また次のチャンスの時にしよう」という考えはよくありません。同じチャンスは二度はありません。私は「留学」の機会を、「またいつでも行けるから今度にしよう」と逃したことがあります。結局その後、留学することはありませんでした。あの時期に留学をしていたら、もっとさまざまなことが吸収できたのではないかと後悔しています。

最後に、「冒険」を楽しむことを忘れないでください。仕事がつまらない、やりたくない仕事だと思っても、些細なことでもいいので仕事のなかに何らかの楽しみを見つけて時間を過ごすことで、毎日がポジティブに感じられ、人生が豊かになってきます。逆に、辛い時、苦しい時は立ち止まり休むことも大切です。自分自身の人生ですから、自分が楽しめない、心の余裕がなくなった時は、思いきり休んでも大丈夫です。そして、楽しめる余裕をまた持てるようになったら、前へと進んでいけばよいのです。みなさまが社会人としての豊かな冒険をされることを期待しています。

川畠成道

⦿ヴァイオリニスト

留学時代の仲間の演奏表現や楽曲に対する考え方に触れ、物事に対する視野を大きく広げられた。

私の人生はヴァイオリンとともにある。一九八〇年夏、小学三年生だった私は祖父母に連れられ楽しみにしていたアメリカ・ロサンゼルスへ旅立った。一週間ほどの予定で夏休みの楽しい思い出となるはずだった。それが自分の人生を大きく変えることになるとは、むろん自分もそして周囲のだれも想像すらしていないことであった。現地に着くと風邪をひき、そのときに与えられた薬の副作用とも聞くが、当時生存率五％といわれた難病にかかった。幸いにして病気は快復したものの視力に後遺症が残った。都合三ヵ月ほどの入院生活を経て、ようやく帰国することができた。このことを境に自分の人生は大きく変わった、というより当初は人生が狂ったととらえていたようにも思う。それは自分も、そして両親、家族、共にアメリカに行った祖父母も同様だったのではないだろうか。

帰国してすぐは病院通いが続き家の中の空気も重く、一日一日がただただ過ぎていくようであった。そのような状態が一年ほど続いた頃であろうか。自分の中にそして家族の中に、日々の生活の中で目標となるものはないか、何か将来に向け希望がもてるものはないか、といったことを少しずつ探し求める気持ちが芽生えた。そして最終的にたどり着いたものがヴァイオリンであった。父親がヴァイオリンを教える仕事をしていたことも要因のひとつとなった。それがちょうど十歳のとき。この日から自分の新たな人生が始まることとなる。

ヴァイオリンを始めてみると家の中の空気が一変した。それまで重く立ち込めていた霧が晴れるごとく明るくなった。そして毎日希望をもってヴァイオリンと向き合う日々であった。いま振り返ってみると、それはおそらく小さな努力の積み重ねだったのではないかと思う。ヴァイオリンという楽器は毎日長時間の練習を必要とする。来る日も来る日も練習を重ね、その結果ほんのわずかずつ上達していく。そ

かわばた・なりみち
一九七一年生まれ。視覚障害を負った幼少期にヴァイオリンと出会う。桐朋学園大学卒業。英国王立音楽院首席卒業。同院史上二人目となるスペシャル・アーティスト・ステイタスの称号を授与。デビュー当初より積極的にチャリティコンサートを行なう。社会派アーティストとしても多方面に影響を与えている。

のわずかな進歩に大きな喜びを見出していたようにも思う。

これは私の人生において音楽によって救われた第一の経験、言い換えるならば音楽から与えられた最初の贈り物だったのかもしれない。

ヴァイオリンを始めて数年間はとても楽しく過ごしていたように思う。しかし年月が経つとそのような気持ちが徐々に薄れていくことになる。レッスンの際、先生から与えられる課題や要求が高度になると、なかなかそれをクリアできないケースが増えていった。何とか克服すべく努力を重ねるものの、それでもうまくいかない。それが続くといつの間にかヴァイオリンに気持ちが向かなくなってしまう。私は大学を卒業するまで日本で勉強を続けたが、その間は前述のように思い悩む時期であったように感じている。

九四年の春、大学を卒業した私はイギリスの王立音楽院への留学を決めた。実際の留学生活がスタートすると日本時代うまくいかず悩んでいたことが少しずつ改善していった。その要因は果たしてどこにあったのであろうか。日本とイギリスでヴァイオリンを手に日々練習をするという作業自体に違いはない。異なる点はそれ以外の環境。留学時代、同じクラスで勉強していた仲間には、イギリス人はもちろん他のヨーロッパ諸国やアジアやアメリカ大陸からやってきた学生も多かった。彼らの演奏表現や楽曲に対する考え方に触れ、それまで自分の中にはなかった概念、つまり一つの作品に対してもさまざまなアプローチがあり、時には自分がそれまであまりよくないと考えてしまっていた中にも、見るべきものがあるなど、自分の物事に対する視野を大きく広げられたと感じている。さらに私の場合、視力の問題もあり、単独での留学がむずかしく母に付き添ってもらうことになった。それだけ犠牲を払っての留学ということもあり、できるだけ多くのものを学び取って帰ろうという気持ちも働いていたかもしれない。

このように、外的内的要因で私の演奏は徐々に変化していった。九七年に王立音楽院を卒業し、その翌年、演奏家としてのデビューの機会がめぐってきた。それからすでに二十年の月日が流れている。私の人生はヴァイオリンと出会ったことで始まった。当初は不幸な出会いという一面もあったかもしれない。しかし現在ではこれが自分に与えられた運命と受け止めている。一つの楽器を弾き続けることでさまざまな経験をさせてもらった。そのような特別な出会いに感謝し、これからも歩んでいきたいと考えている。

井原慶子

⦿カーレーサー／Future Corporation CEO

覚悟を持って臨んだ時、思いは必ず実現できる。一度きりの人生、自分の心に素直に思いっきり挑戦したい。

今日までの人生で「本気」を出したことはありますか。私は大学生まで特に目標や夢もなく、何かをやり遂げたこともなかった。就職活動の頃、父に相談すると「慶子は今まで何もやり遂げたことがないでしょ。だから就職試験では…」という言葉を返され頭にきた。父の転勤で何度か転校し『腰を据えて一つのことをやり遂げることなどできなかった』と思い込んでいたからだ。就職活動を始めると、どの企業も募集見送りか募集一人に五千倍という超就職氷河期だったが、いくつか内定した。大学四年間、モデルのアルバイトをして何百回とオーディションに落ちたからだ。

最初の一年は一度も合格できなかった。不合格の後「なんで大して可愛くないあの子が合格?」と悪口めいた話をモデル仲間としていたが、その言葉がヒントとなった。『そうか! たいして美人でなくても合格するのであれば自分も受かる可能性がある』。その日からまずは合格した人や先輩モデルの真似をするようになった。歩き方、立ち方、面接時の服の選び方。次は、左右どちらの顔が自分はきれいに見えるのか、どのぐらい口角を上げると健康的か、など成功者の真似から、さらに自分なりの作戦を立てた。完璧主義だった頃は、決めた目標がこなせずやり残したことに劣等感や不安を感じる毎日だったが『今日できることだけとりあえずやろう!』と考えるようになってからはやれることはやったと納得し、達成感が自分を後押しした。石の上にも三年。分析と工夫を積み重ね、やる気がなくなったら一休みを三年間繰り返したらどんなオーディションでも必ず最終審査まで通るようになった。

　日々できることからコツコツやっていると必ず成果が表れる。それが失敗でも成功でも本気で臨むほど結果に対する感情は自分に大きく跳ね返ってくる。失敗すれば、悔しかったりものすごく落ち込んだり。成功すれば、さて次へ頑張るぞ、と。この感情や自分の成長感・達成感こそが次へのモチベーションとなる。

私は、自分の不甲斐なさや劣等感に悩んでいた頃、生まれて初めて行ったサーキットで「人間の本気」を見た。レーサーが命がけで走るのはもちろん、レーシングカーのネジを締めるメカニックやマシンを開発するエンジニアからも「自分の仕事が人の生死を分ける」という責任感を感じた。その瞬間『私も一生に一度本気を出して仕事してみたい』と思った。頭も身体も自分の能力の限界を発揮してみたいと。その後十五年間、世界五十か国をレースで転戦し、人種、性別、年齢などさまざまな壁にぶち当たった。苦手な上司や意見が違うスタッフ、好まない仕事現場、明らかにハンディがあるのに戦わなければいけない時など最初の頃はネガティブなことで頭がいっぱいだった。しかし、打破しなければレーサーとして生き残れないとなると自分で考え始める。その環境に順応する方法や考え方の違いを理解して一緒に目標を達成する方法をこちらから提案するなど自発的に考えて仲間と時間や情報を共有すると、一人では成し得ないような大きな目標を達成できる。思いついたことは実現できる。そしてチャンスや運は今を真剣に生きている人のところに運ばれてくるもの。一度きりの人生、自分の心に素直にぜひいろいろな環境に飛び込んで挑戦してほしい。自分の仕事の歓びが仲間との共感や社会貢献につながるその時まで。

いはら・けいこ　一九七三年生まれ。九九年フェラーリ・チャレンジでレースデビュー。海外を拠点にWEC、世界選手権、ルマンなど国際レースで世界五十カ国を転戦し、世界女性初の総合優勝を果たす。二〇一二年、日米リーダーシップ・プログラム日本代表に選出され、教育・環境問題等の改善に努めるなど国際貢献活動も行なう。二〇二一年よりFuture Corporation CEO。

荒俣　宏

⦿作家

趣味や研究ごとを抱えた人にとって、会社は煉獄。けれどもぼくは十年ほどサラリーマンを続けた。

一九七〇年の春にサラリーマンとなった。

期待に胸がふくらむとか、ヨーシやってやるぞとか、そういう気負いとは無縁だった。何とか定年まで自分を殺して勤めあげ、晴れて年季が明けたら好きな道を思いっきり楽しもう。それまでの長くて辛い「煉獄」だ、と思った。

当時は、古い体質の企業がまだ多かった。三日つづけて有給休暇をとろうものなら、自分の席がなくなると本気で信じられた時代だった。事実、入社四年めにアメリカへ十日間にわたり同好の友人への訪問旅行を敢行した際、なかなか上司の認印がもらえなかった。

「君ね、わが社で有休を病気以外の理由で消化する社員はね、組合活動やってる者か、宗教活動に凝った者しかいないんだよ。出世の目はないな」

と、某管理職にもいわれた。ひどい偏見である。せっかく見聞をひろめようとしている社員の足を引っぱることはないだろうに、と真剣に憤慨したものだった。

人間はだれも、会社の仕事と会社の人間関係だけで生きられるわけもない。早い話、地元での近所付き合いもあれば、学生時代に築いてきた友人関係もある。それにだいいち、趣味や道楽あるいは研究など文化的な個人活動もある。こうしたものを継続させる上で、企業への就職は大きな障害となる場合が大きかった。

これは実感だが、高度成長期の管理職は文化面でいちじるしく後れをとった人々だった。本は読まない、見聞は狭い、音楽は知らない、教養はない。それがいちばんのショックであった。とくに若者文化や流行に弱い。そうした会社人間をつくりだした元凶は、あきらかに私的活動に時間を割かせまいとする企業側の管理姿勢にあった。だから、趣味や研究ごとを抱えた新入社員にとって、サラリーマンになることは煉獄に落ちたも同然であった。

あらまた・ひろし　一九四七年生まれ。慶應義塾大学法学部卒業後、日魯漁業入社。七八年独立。八八年「帝都物語」で日本SF大賞、八九年「世界大博物図鑑」でサントリー学芸賞受賞。著書「商神の教え」「広告図像の伝説」ほか。

たぶん、今もなお、このような企業の非文化的体質に変化はないと思う。絶望して辞めていく若者もいるだろう。けれどもぼくは十年ほどサラリーマンを続けた。理由は、たった一つ、会社生活を通じてでないと出会えぬ「おもしろいこと」も存在したからだ。一九七〇年代にはコンピュータと巡りあい、熱中した。パソコンなぞまったく存在しなかった時代、コンピュータは会社でしか導入できなかった。

ぼくは大学生の頃から小説の翻訳や評論書き、それに古書収集を手がけ、かなり多忙であった。本来なら「会社へいく暇もない」ほどだった。しかしそれでは食えないから、貴重な時間を割いて働きに出なければならなかった。つまり、マニアだのオタクだのの先駆であり、こういう新しい人種が会社生活に適応できるかどうかの実験材料でもあった。

ところが、「煉獄」一辺倒かと思われた会社生活にも知的な刺激はあったのである。コンピュータがそうだったし、技術革新や社会の変化の波を直接体験できる機会にも恵まれる。ぼくは漁業会社に就職したから、二百海里問題の対処にあたるプロジェクトに参加した。これが暗号解読に始まり各国監視船との駆け引きまで、ドラマを地でいくようなおもしろさだった。また、社内には意外な才能をもつ人物が結構隠れ住んでいることもわかった。ぼくの課には甲虫《こうちゅう》類に関する日本有数の学者がいて、博物学の話をよく聞いた。昔、映写技師だったという先輩とは、親しく「文化的」な話ができた。組合活動や社会運動にやたら熱心で、法律にも強い面倒見のよい先輩もいた。この先輩がその後しばしばニュースに登場するようになり、ぼくも驚かされた。「新党さきがけ」の故園田博之幹事長である。

実験として振り返れば、十年間サラリーマン生活を体験したことは成功だった。急がば回れのことわざどおりだ。会社にも二重構造があり、下部構造のほうには「釣りバカ日誌」のような会社ユートピアの図も考えられないわけではないからである。ただ、ここまで深い構造を覗くためには少しの忍耐を要する。それだけの話だ。

そして、これは幸福か不幸か意見のわかれるところだが、三十歳を超え、部下を持つ身になる頃、すっかり会社人間になり切っている自分を発見する。部下に、「君は休みが多いな」と文句をつけている自分に。ぼくの意見をいわせていただくなら、それが「成熟する」ことなのである。

箭内道彦

◉クリエイティブディレクター

君はもっと堂々と出社していい。新人の役割は、旧人を刺激すること。いや、旧人に引導を渡すことなのです。

まず、新入社員のみなさんがこの原稿を読んでくれるこのタイミングが、どうか入社配属前であることを祈ります。どうぞ間に合いますように。そのあとだったら手遅れかも知れない。

君たち新人の役割は、旧人を刺激することです。桜咲く春四月、毎年毎年新入社員を迎える先輩たちは、本当は君たちがやってくるのが怖いのです。君を育てようとか教えようとか、君に自分の仕事をラクにしてもらおうとか、そんな殊勝な心持ち以上に。今年入社してくる新人が、もしも自分をおびやかす物凄い存在だったら…、もしも、自分の仕事を奪われてしまうぐらい優秀な奴だったら…、自分が長年必死で培い体得した経験や感覚を、一気に軽々と過去のものにしてしまう勘とオーラの持ち主だったら…。とにかくいまだ見ぬ君たちのことが怖くて怖くて仕方ないのです。明日配属されてくる君のことが。

だから君はもっと堂々と出社していい。なのにだけど君はそこまで思ってないでしょ。最初は様子を見て空気を読んで、そこにあるその会社に調和しながら先輩方の大きな胸を借りてやっていけばいいと思っているでしょ。何年がかりかで少しずつって。だからその会社は弱いのです。新人が、借りてきた客のようにしているうちに、先輩方はすっかりひと安心して、君たちをすぐに閉じ込めるのです。年功序列の怠慢な部屋に。ああ残念。そうして君のデビューは大幅に遅れる。君は収まってしまうのです。その小さなフォームに固まってしまうのです。新人の役割は、旧人を刺激すること。いや、旧人に引導を渡すこと。なのにこうしてまたその会社が普通の会社のままでまた来年になってゆく。それは全部君のせいです。出会いがしらの先制パンチをかまさなかった君のせいなのです。残念。ああまた先輩たちの旧い時代が続いてしまう。もったいない。何十年も続く退屈な年功序列の一年目の人

やない・みちひこ　一九六四年生まれ。東京藝術大学デザイン科卒業。タワーレコード「NO MUSIC, NO LIFE.」など数々の話題の広告を手掛ける。若者の熱狂的な支持を集めるフリーペーパー「月刊 風とロック」発行人。著書「サラリーマン合気道」「871569」「風とロックの写真」ほか。

間というつまらない自覚なんて。

だからとにかく最初が大事なのです。おびやかしてください。怖がらせてあげてください。キラキラと眩しい若い君の才能と明るさで、怠惰な彼らを追い詰めてください。それで彼らはまた頑張るから。重たいケツに火を点けられて。

なーんて言ってもなかなか全てが思うようにうまくはそりゃいかないこともあるとは思います。だけど先輩たちがそんな気持ちで君たちとの出会いを迎えるっていうことを知っておくだけでもずいぶん違うんじゃないかな。意外でしょ。思ってもなかったでしょ。嘘だと思うでしょ。でもそうなんです。だから君はもっと堂々と出社していいんです。怖がられてるんだから。初日が肝心。今日はこれだけ言いたかった。

ひとつ言い忘れてました。その会社に君の理解者はいません。だからこれから面白くなる。ようこそ。

旧人より

藤原美智子

⦿ビューティ・ライフスタイルデザイナー

価値観を変える必要を納得した時に成長は始まる。いままでの自分を捨てる勇気をもってほしい。

「藤原さん、ジュースはもう少しグラスに注いだほうが、おいしそうに見えるし、きれいよ。ほらね」

これが、私がヘア・メイクアップアーチストのアシスタントに就いた初日に、先生に教えてもらったことだった。確かに、私が入れたジュースよりも先生が注ぎ足してくれた量のほうが、おいしそうに見えるし、きれいにも見える——。

当時、何もできず、また、それまでただ無意識に生きてきた若い女の子にすぎなかった私にとって、その一言は「意識的に生きる」ことに目覚めさせてくれたきっかけとなったように思う。

遠い昔のその出来事を振り返ってみて思うのは、自分のことながら先生の教えに対して素直に聞く耳をもっている人間でよかったということである。もし、「えー、ジュースの量くらい、いいじゃない」と思ってしまうような自分だったとしたら、たぶん、ヘア・メイクアップアーチストとしてのいまの私は存在しなかったのではないかと思う。

そんなふうに聞く耳をもつことの重要さを実感している私は、アシスタントの採用条件を「素直な人」としている。とはいっても、素直な人であれば何も問題はないかというと、そうではないのが現実。意気揚々とアシスタントに就いたものの、最初の三ヵ月で自信をなくしていく人が多いのだ。なぜなら、何かをするたびに私に「それは、そうではなくこうするのよ」と注意されるのだから。いままで当たり前のようにしてきたことが、まったく通用しない。そして「自分は、何をしてきたのだろう」「自分は、こんなにも何も知らない人間だったのだ」という現実にショックを受け、そして悩み始める……。

そんな心の揺れは、私には手に取るように伝わってくる。でもそんなふうに、いままでの価値観ではダメなのだと理解し納得できたところから、その人の成長が始まるということを知っている私は、黙って見守ることにしている。

我《われ》をなくして「無」になること。まっさらになることで、いろいろなことが素直に耳に入ってくるし、いままで見えなかったものも見えてくる。そんな心のありようは人に言われてできるものではなく、自分でつかみとるしかない。だから、そんな自信をなくしている姿を見ると、逆に私は「あー、順調に成長しているな」と、ホッとするのだ。

これから広い世界に飛び出した時に、もしかしたら同じように自分の無能さに愕然とするかもしれないし、自分の存在を疑問に思うこともあるかもしれない。でも、もし、そんな心境になったとしたら、それは可能性への扉に立てたと思ってほしい。そして、いままでの自分にしがみつかないで、捨てる勇気をもってほしいと思う。そんなふうに一度、自分を「無」にできたなら、きっともっと大きい「自分」というものに成長していけるはずだから。

これからの新しい自分に期待して、そして、がんばって。

ふじわら・みちこ　食や健康、装い、暮らしなど美しい生き方を執筆や講演、化粧品関連のアドバイザーなどで幅広く提案、活動している。著書「LIFE IS BEAUTY 美しく幸せに生きるための逆算思考」ほか。

米本昌平
◉東京大学教養学部客員教授

二十歳代に気になることを確認しておけ。そうすれば、それ以降の人生が生きやすくなる。

私の研究室に出入りする若い人たちに、「三十歳成人説」を唱えることがある。その意味するところは、ともかく二十歳代には手を抜かないで、自分が気になって気になって仕方がないことを、地を這いつくばってでも納得のいくまで確かめておけ、そうすれば三十歳代以降の人生が思いのほか生きやすくなる、ということである。私がこんなことをいう理由の一つは、私が普通の会社員から、まったくの別世界である現在の職場に転がり込んだのが三十歳になる年だったからでもある。

私は全共闘世代に当たる。事実、二十歳前後のとき、いきなり大学紛争に出会い、

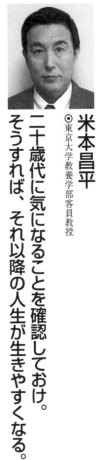

よねもと・しょうへい
一九四六年生まれ。七二年京都大学理学部卒業。七六年三菱化成生命科学研究所入社。社会生命科学研究室長などを経て二〇一三年より現職。著書「バイオエシックス」「先端医療革命」「遺伝管理社会」「地球環境問題とは何か」ほか。

これで人生は決まってしまったようなものだった。別にセクトに入っていたわけではない。当時のごく普通の学生の一人として、デモに出たり、団交と称する、実際は大学総長のつるし上げの集会をのぞいてみたりした。そういう場に居合わせてみて、こんな方法では大学など絶対に変わらないと確信した。そこで郷里に帰って就職してしまった。

私は大学を激しく憎んだ。大学紛争に出会う以前、大学の研究者は世のため人のため、寝食を忘れて真理を追究しているもの、と素朴に信じていた。しかし大学紛争が起こってみると、大学もありきたりの社会の中の一機関でしかないことがみえてしまった。そこで私は、人間一人ができることは知れているから、残る人生すべてを大学批判のためだけに費やそうと決心した。そこで考えた方策は、ごく普通の会社員が自分のホビーとして、つまり自分の金と暇と能力と責任で、少々時間はかかっても大学と同等の学術成果をあげ、その上で、普通の人間でもこれだけの成果があげられるのにしかるに大学の研究者は何事か、と批判し続けることであった。それは、一流の研究は大学や名の通った研究機関でしかできないものという、強固な一般通念を破ってみせようとすることであった。またそれは、研究のおもしろさと苦しさを味わう機会を、職業研究者の独占から一般に開放しようとすることでもあった。この一見、突破不可能にみえる壁の突破を、自分の読みの正しさだけをたよりに、企てたのである。私は一浪して大学に入り、二回落第しているから、このときすでに二十五歳になっていた。

こうして私は、ごく普通に会社勤めをしながら、独学で科学史の研究を始めたのである。通勤の間や休日に少しずつ資料を集めては解読し、小さな論文にまとめていった。私は大学院にはいっていないし、実は卒業論文すら書いていない。現在の日本で、大学院にいかないということは研究職にはつけないこととほぼ同じことである。私は、大学に戻りたいという気持ちが起こらないよう、自ら退路を断ったつもりであった。こうして自分で選んだ道だとはいえ、会社勤めをしながら科学史の論文を書くことは、最初は苦しかったが、三年めあたりから少し余裕が出てきた。それは、このきわめて個人的な活動が、会社仕事の代償行為になっていることに気がついたからなのかもしれない。しかし当時は(そしてたぶんいまでも)、このような考えで人生を決めて生きていることをだれかに話そうにも、理解してくれる人はいないことはわかっていた。重要なことほど他人には伝わらないものである。それを覚悟の上で、年月をかけて自分の考えが周囲に伝わるよう、自分流の表現方法を練っていかなければならない。それが人生というものなのだろう。自らの志は、軽々しく口にするものではない。

普通の人間がホビーとして研究の楽しさと苦しさを味わうことが当然とされる社会、そういう社会こそが先進国なのだと思う。生涯教育と称してできあいの知識を詰め込まれるよりも、自分で研究してしまうほうがおもしろいに決まっている。こういう状態こそが成熟した民主主義社会を実現できるのであり、近未来には主流の生活スタイルになっていくのだろう。ただし、二十歳代に気になることを確認しておけといっても、それはモラトリアム人間のような生活を意味しているのではない。まったく逆で、表面的にはごく普通のキャリアを踏んでいても、それは可能なはずである。要は心の内側の問題である。世界的にみても歴史的にみても、日本はいま信じられないほどの自由な社会を実現できている。どんな生き方を選ぼうが餓死するわけではないし、どんな主張をしようが弾圧されるわけでもない。いまの若い人がなぜもっと自由に発想し行動しないのか、本当に不思議でならない。

小泉武夫

◎東京農業大学名誉教授

食が乱れると病気が起こったり精神まで不安定になる。食文化がいかに大切なものであるかを顧みてほしい。

人が食べ物を「食べる」という意味を一度でも考えたことがあるだろうか。腹が減ったからただ口から食べ物を入れて、腹いっぱいにして、あとは肛門から排泄すればそれでお仕舞いだ、なんて安易に考えているのならそれは実に貧しい発想である。それならウンコ製造機にほかならない。

まず感謝してほしい。食べ物を育ててくれた人に、料理してくれた人に、そしていまこうして食べられることそのものに。次に食べながら考えてほしい。この食べ物がいかにすばらしい食べ物であるかを。そして、食べて得たエネルギーは無駄にせず、さまざまな生産活動に使うことを悟ってほしい。その悟りが、仕事を内容あるものに導き、完成につなげる。

だからといって、何を食べても、またいくら食べてもいいというものではない。食べることは生きるための絶対基本行動であるので、そこが乱れると病気が起こったり精神まで不安定になる。食生活の違いで体に変調を来すというのは、いくらなんでも短絡的ではないかと思われるかもしれないが、けっしてそんなことはない。食べ物によって人間は身体をコントロールでき、性格を変えることも可能なのだ。食の文化では歴史上世界一の伝統を誇る中国には、大昔から現代に至るまで「医食同源」という重要な食の思想が今日でも肯定され伝承されていることを考えてみよ。いまから三百年も前に著された『養生訓』のなかで、貝原益軒は「飲む水や食べものはよく選べ。それによっては人の天性まで変る」と訓じている。ここでいう「天性」とは親から受け継いだ性格（精神）や体格（肉体）のことであるから、とにかく食事や食材というものは常に大切に考えなさい、といっているのである。

最近、若い人たちの間に「クローン病」という奇妙な病気が広まっていて、すでに患者数は全国で二万人を超しているという。胃腸、大腸、十二指腸といった消化

こいずみ・たけお　一九四三年生まれ。東京農業大学醸造学科卒業。醸造学、発酵学を専攻し、国立民族学博物館共同研究員など公職多数。著書「灰の文化誌」「発酵」「納豆の快楽」ほか。

器官系はもちろん、口腔内から肛門に至るまで原因不明の炎症や潰瘍が発生する病気である。たとえば大腸の場合、最初は鈍い腹痛が起き、下痢が続き、体重は減少し、そして潰瘍部位に穴が開き、出血とともに腸の内容物が出てきてしまう症状（急性腹膜炎）を起こす。こうなると、救急車ですぐに病院に運ばないと手遅れになることもあるというのだ。そしてこのクローン病の原因はなんと、食べ物との因果関係にあることがわかった。毎日のようにフライドチキンやハンバーグ、インスタントラーメン、スナック菓子などを食べ続けている若い人にその発症が多くみられ、それが疫学的研究からも立証されているという。この例などは、いかに食べ物によって体が左右されるのかを示すものであろう。

食生活が乱れてくるとその人の体調が崩れるのと同じく、国民の食の周辺が乱れてくるとその国の社会も崩れてくる。早い話がいまの日本のような気がする。あちこちで若者ばかりか大人たちまでぶっち切れ、傷害だ、殺人だといったニュースが目から耳から入ってこない日はない。ここで一度、ご飯、納豆、味噌汁、めざし、漬物といった自国の食文化がいかにすばらしく、大切なものであるかを顧みてほしいものだ。

富田　隆

◉心理学者

働くことの「意味」を自分なりに考えよう。もっと自由に、もっと幸せになるために。

「自由」とか「自立」といった言葉が「なんとなく」蔓延している一方で、「奴隷根性」としか言いようのない精神的頽廃が静かに広がっている。これは、皮肉でいっているのでもワルぶっていっているのでもない。ただ、目の前の現実を素直に述べているのだ。

たとえば「指示待ち族」。一昔前に流行ったこの言葉が聞かれなくなったのは、そうした現象が払拭されたからではなく、一般化され当たり前になってしまったからだ。上司から指示されなければ何もしないというのは、要するに「命令」や「強制」がなければ働こうとしないということだ。労働における自発性の欠如、これは奴隷根性以外の何物でもない。いうまでもなく、命令や強制の背後には、さまざまな罰や脅しが隠されており、これらの不安や脅威から逃れるために奴隷は働く。これを心理学では「回避行動」（あるいは「負の強化」を受けた行動）と呼ぶ。ムチで叩かれたり食事を取り上げられたりといった苦痛を避けるために勤勉を装う奴隷と、左遷や減俸といった不安を避けるために渋々働くビジネスマンの間に、基本的な違いはない。

もちろん、人生に災難や悲劇はつきものであり、どんなに自立的で自由な人間も回避行動ぬきで一生を過ごすわけにはいかない。「降りかかる火の粉」は払わねばならない。ただ、自由人の行動の多くは自発的なものである。彼らは自分の夢や目標を実現するために、あるいは自分が大切にする価値のために「喜んで」働くのだ。それに対し、精神的な奴隷の場合、自発的行動はきわめて貧弱で、回避行動のみが習慣化し、肥大化している。たとえていうなら、前者が獲物を「追いかけて」走る猛獣のような人生を送っているのに対し、後者は猛獣に「追いかけられて」走る獲物のような人生を送っているのだ。両者とも懸命に走る外見は似ているが、その内実はまったく逆だ。前者の心は「喜び」と「期待」に満たされており、後者の心は「苦悩」と「恐怖」で張り裂けんばかりだ。

　こうした奴隷根性は一朝一夕に形成されたものではない。現代の日本では生まれ落ちた直後からすでに回避行動の訓練は始まっている。家庭であれ学校であれ、現代の教育現場は「お膳立て」と「強制」にあふれているのだ。

　たとえば、幼児教育の専門家が発達目標というものをこしらえる。そうした発達目標はどれも達成されて当たり前。もしも達成できないと不愉快な事態が待っている。離乳やトイレでの排便といった課題の達成が少しでも遅れようものなら、親は不安で動転する。親の不安は子どもに恐怖を与える。そして、子どもの自発的な興味や好奇心がわき起こる前に、能力開発のプログラムが膨大な情報を無理やり流し込む。これでは、精神的な消化不良が肉体的な拒食症を生み出しても不思議はないし、子どもたちがどんどん「受け身的」になるのも当然なことだ。

　やがて彼らは、落ちこぼれないように渋々と勉強し、親をがっかりさせたくないからサッカーの練習に耐え、生活水準を落としたくないから一流大学や一流企業をめざすようになる。いずれも災難を避けるための回避行動だ。

とみた・たかし　一九四九年生まれ。上智大学大学院文学研究科博士課程修了。白百合女子大学助教授、駒沢女子大学教授を歴任。現在はフリーランスの心理学者として活動中。著書「わたしのまわりの心理学」「心に効くクラシック」「「ハナシ上手」になる心理術」ほか。

現在、親が子どもを塾に送る動機の第一位は「「人並みに」学校の勉強に「ついていける」ように」というものだ。こうした現状に比べれば、出世であれ金儲けであれ、夢や野望で子どもの尻を叩いていた時代のほうが、まだ健康的であったように思われる。

だからといって悲劇を嘆いてばかりはいられない。残りの人生を奴隷として過ごしたくなければ、自由人になることだ。いまからでも遅くはない。

奴隷から自由人への第一歩はまず「夢」をもつことだ。本気で追いかけることのできる「目標」をもつことだ。もちろん、目先の快楽に騙されてはいけない。多少、時間がかかってもいいから、「一生もの」で追いかけられそうな目標を設定することだ。しかし一方で、この「看板」はいつかけ替えてもよいと心得よう。目標が変わるのは自分が成長している証拠だ。自由人はものごとに執着しない。

そして次に大切なことは、そうした「個人的な目標」を、会社という「組織の目標」や「仕事の現実」に結びつけることだ。個人のめざすものと会社という組織のめざすものは違っていて当たり前だし、具体的な仕事の現場で求められるものと自分が望んでいた仕事が食い違うのも、ごく自然なことだ。そうした現実を目の前にしたとき、奴隷はひたすら自分の不運を嘆き、いかに要領よくサボるかということに浅知恵を働かす。

しかし自由人は違う。彼らは優れたイマジネーションと洞察によって、与えられた現場での労働に何かしら個人的な「意味」を見出すのだ。一見まったく不毛に見える労働にも、将来の自分に役立ち、あるいは自分の可能性を引き出してくれる何かが潜んでいるものだ。あるいはもっと深い、未知の価値が隠されているかもしれない。

要するに、自由人は組織や社会のために働くだけではなく、自分自身のためにも働いているのだ。だから彼らにとっては、自分の個人的な喜びが、結果的に仲間や社会に対する貢献となる。そしていつしか、仕事は苦痛を通り越して快楽となる。これが自由人の錬金術だ。追われるのも一生、追うのも一生なら、何かを追いかけて生きたほうが幸せではないか。くどいようだが、いまからでも遅くはない。

新《しん》入《にゅう》社《しゃ》員《いん》に贈《おく》る言《こと》葉《ば》

編者◆
経団連出版

発行◆2023 年 1 月 1 日　第 1 刷

発行者
大下　正

発行所◆
経団連出版
〒100-8187　東京都千代田区大手町 1-3-2
経団連事業サービス
電話◆[編集]03-6741-0045　[販売]03-6741-0043

印刷所◆サンケイ総合印刷

ISBN978-4-8185-1943-5 C2034